I0156235

ESPANHOL
VOCABULÁRIO

PORTUGUÊS BRASILEIRO

PORTUGUÊS
ESPANHOL

Para alargar o seu léxico e apurar
as suas competências linguísticas

7000 palavras

Vocabulário Português Brasileiro-Espanhol - 7000 palavras

Por Andrey Taranov

Os vocabulários da T&P Books destinam-se a ajudar a aprender, a memorizar, e a rever palavras estrangeiras. O dicionário é dividido em temas, cobrindo todas as principais esferas de atividades quotidianas, negócios, ciência, cultura, etc.

O processo de aprendizagem, utilizando os dicionários baseados em temáticas da T&P Books dá-lhe as seguintes vantagens:

- Informação de origem corretamente agrupada predetermina o sucesso em fases subsequentes da memorização de palavras
- Disponibilização de palavras derivadas da mesma raiz, o que permite a memorização de unidades de texto (em vez de palavras separadas)
- Pequenas unidades de palavras facilitam o processo de estabelecimento de vínculos associativos necessários para a consolidação do vocabulário
- O nível de conhecimento da língua pode ser estimado pelo número de palavras aprendidas

T&P Books Publishing
www.tpbooks.com

ISBN: 978-1-78767-327-4

Este livro também está disponível em formato E-book.
Por favor visite www.tpbooks.com ou as principais livrarias on-line.

VOCABULÁRIO ESPANHOL
palavras mais úteis

Os vocabulários da T&P Books destinam-se a ajudar a aprender, a memorizar, e a rever palavras estrangeiras. O vocabulário contém mais de 7000 palavras de uso comum organizadas tematicamente.

O vocabulário contém as palavras mais comummente usadas
Recomendado como adicional para qualquer curso de línguas
Satisfaz as necessidades dos iniciados e dos alunos avançados de línguas estrangeiras
Conveniente para o uso diário, sessões de revisão e atividades de auto-teste
Permite avaliar o seu vocabulário

Características especias do vocabulário

- As palavras estão organizadas de acordo com o seu significado, e não por ordem alfabética
- As palavras são apresentadas em três colunas para facilitar os processos de revisão e auto-teste
- As palavras compostas são divididas em pequenos blocos para facilitar o processo de aprendizagem
- O vocabulário oferece uma transcrição simples e adequada de cada palavra estrangeira

O vocabulário contém 198 tópicos incluindo:

Conceitos básicos, Números, Cores, Meses, Estações do ano, Unidades de medida, Roupas & Acessórios, Alimentos & Nutrição, Restaurante, Membros da Família, Parentes, Caráter, Sentimentos, Emoções, Doenças, Cidade, Passeios, Compras, Dinheiro, Casa, Lar, Escritório, Trabalho no Escritório, Importação & Exportação, Marketing, Pesquisa de Emprego, Esportes, Educação, Computador, Internet, Ferramentas, Natureza, Países, Nacionalidades e muito mais ...

TABELA DE CONTEÚDOS

GUIA DE PRONUNCIAÇÃO

Alfabeto fonético T&P	Exemplo Espanhol	Exemplo Português
[a]	grado	chamar
[e]	mermelada	metal
[i]	física	sinônimo
[o]	tomo	lobo
[u]	cubierta	bonita
[b]	baño, volar	barril
[β]	abeja	sábado
[d]	dicho	dentista
[ð]	tirada	[z] - fricativa dental sonora não-sibilante
[f]	flauta	safári
[ʤ]	azerbaidzhano	adjetivo
[g]	gorro	gosto
[ɣ]	negro	agora
[j]	botella	Vietnã
[k]	tabaco	aquilo
[l]	arqueólogo	libra
[lʲ]	novela	ralho
[m]	mosaico	magnólia
[ɱ]	confitura	[m] nasal
[n]	camino	natureza
[ŋ]	blanco	alcançar
[p]	zapatero	presente
[r]	sabroso	riscar
[s]	asesor	sanita
[θ]	lápiz	[s] - fricativa dental surda não-sibilante
[t]	estatua	tulipa
[ʧ]	lechuza	Tchau!
[v]	Kiev	fava
[x]	dirigir	fricativa uvular surda
[z]	esgrima	sésamo
[ʃ]	sheriff	mês
[w]	whisky	página web
[ˈ]	[reˈloχ]	acento principal
[·]	[aβre·ˈlʲatas]	ponto mediano

ABREVIATURAS
usadas no vocabulário

Abreviaturas do Português

adj	-	adjetivo
adv	-	advérbio
anim.	-	animado
conj.	-	conjunção
desp.	-	esporte
etc.	-	Etcetera
ex.	-	por exemplo
f	-	nome feminino
f pl	-	feminino plural
fem.	-	feminino
inanim.	-	inanimado
m	-	nome masculino
m pl	-	masculino plural
m, f	-	masculino, feminino
masc.	-	masculino
mat.	-	matemática
mil.	-	militar
pl	-	plural
prep.	-	preposição
pron.	-	pronome
sb.	-	sobre
sing.	-	singular
v aux	-	verbo auxiliar
vi	-	verbo intransitivo
vi, vt	-	verbo intransitivo, transitivo
vr	-	verbo reflexivo
vt	-	verbo transitivo

Abreviaturas do Espanhol

adj	-	adjetivo
adv	-	advérbio
f	-	nome feminino
f pl	-	feminino plural
fam.	-	familiar
m	-	nome masculino
m pl	-	masculino plural
m, f	-	masculino, feminino

n	-	neutro
pl	-	plural
v aux	-	verbo auxiliar
vi	-	verbo intransitivo
vi, vt	-	verbo intransitivo, transitivo
vr	-	verbo reflexivo
vt	-	verbo transitivo

CONCEITOS BÁSICOS

Conceitos básicos. Parte 1

1. Pronomes

eu	yo	[jo]
você	tú	[tu]
ele	él	[eˡʲ]
ela	ella	['eja]
nós (masc.)	nosotros	[no'sotros]
nós (fem.)	nosotras	[no'sotras]
vocês (masc.)	vosotros	[bo'sotros]
vocês (fem.)	vosotras	[bo'sotras]
o senhor, -a	Usted	[us'teð]
senhores, -as	Ustedes	[us'teðes]
eles	ellos	['ejos]
elas	ellas	['ejas]

2. Cumprimentos. Saudações. Despedidas

Oi!	¡Hola!	['olʲa]
Olá!	¡Hola!	['olʲa]
Bom dia!	¡Buenos días!	['buenos 'dias]
Boa tarde!	¡Buenas tardes!	['buenas 'tarðes]
Boa noite!	¡Buenas noches!	['buenas 'notʃes]
cumprimentar (vt)	decir hola	[de'θir 'olʲa]
Oi!	¡Hola!	['olʲa]
saudação (f)	saludo (m)	[sa'lʲuðo]
saudar (vt)	saludar (vt)	[salʲu'ðar]
Tudo bem?	¿Cómo estás?	['komo es'tas]
E aí, novidades?	¿Qué hay de nuevo?	[ke aj de nu'eβo]
Tchau!	¡Adiós!	[a'ðjos]
Até logo!	¡Hasta la vista!	['asta lʲa 'bista]
Até breve!	¡Hasta pronto!	['asta 'pronto]
Adeus!	¡Adiós!	[a'ðjos]
despedir-se (dizer adeus)	despedirse (vr)	[despe'ðirse]
Até mais!	¡Hasta luego!	['asta lʲu'ego]
Obrigado! -a!	¡Gracias!	['graθias]
Muito obrigado! -a!	¡Muchas gracias!	['mutʃas 'graθias]
De nada	De nada	[de 'naða]
Não tem de quê	No hay de qué	[no aj de 'ke]
Não foi nada!	De nada	[de 'naða]

Desculpa!	¡Disculpa!	[dis'kulˈpa]
Desculpe!	¡Disculpe!	[dis'kulˈpe]
desculpar (vt)	disculpar (vt)	[diskulˈ'par]
desculpar-se (vr)	disculparse (vr)	[diskulˈ'parse]
Me desculpe	Mis disculpas	[mis dis'kulˈpas]
Desculpe!	¡Perdóneme!	[per'ðoneme]
perdoar (vt)	perdonar (vt)	[perðo'nar]
Não faz mal	¡No pasa nada!	[no 'pasa 'naða]
por favor	por favor	[por fa'βor]

Não se esqueça!	¡No se le olvide!	[no se le olˈ'βiðe]
Com certeza!	¡Ciertamente!	[θjerta'mento]
Claro que não!	¡Claro que no!	['klˈaro ke 'no]
Está bem! De acordo!	¡De acuerdo!	[de aku'erðo]
Chega!	¡Basta!	['basta]

3. Números cardinais. Parte 1

zero	cero	['θero]
um	uno	['uno]
dois	dos	[dos]
três	tres	[tres]
quatro	cuatro	[ku'atro]

cinco	cinco	['θiŋko]
seis	seis	['sejs]
sete	siete	['sjete]
oito	ocho	['otʃo]
nove	nueve	[nu'eβe]

dez	diez	[djeθ]
onze	once	['onθe]
doze	doce	['doθe]
treze	trece	['treθe]
catorze	catorce	[ka'torθe]

quinze	quince	['kinθe]
dezesseis	dieciséis	['djeθi·'sejs]
dezessete	diecisiete	['djeθi·'sjete]
dezoito	dieciocho	['djeθi·'otʃo]
dezenove	diecinueve	['djeθi·nu'eβe]

vinte	veinte	['bejnte]
vinte e um	veintiuno	['bejnti·'uno]
vinte e dois	veintidós	['bejnti·'dos]
vinte e três	veintitrés	['bejnti·'tres]

trinta	treinta	['trejnta]
trinta e um	treinta y uno	['trejnta i 'uno]
trinta e dois	treinta y dos	['trejnta i 'dos]
trinta e três	treinta y tres	['trejnta i 'tres]

quarenta	cuarenta	[kua'renta]
quarenta e um	cuarenta y uno	[kua'renta i 'uno]

quarenta e dois	cuarenta y dos	[kua'renta i 'dos]
quarenta e três	cuarenta y tres	[kua'renta i 'tres]
cinquenta	cincuenta	[θiŋku'enta]
cinquenta e um	cincuenta y uno	[θiŋku'enta i 'uno]
cinquenta e dois	cincuenta y dos	[θiŋku'enta i 'dos]
cinquenta e três	cincuenta y tres	[θiŋku'enta i 'tres]
sessenta	sesenta	[se'senta]
sessenta e um	sesenta y uno	[se'senta i 'uno]
sessenta e dois	sesenta y dos	[se'senta i 'dos]
sessenta e três	sesenta y tres	[se'senta i 'tres]
setenta	setenta	[se'tenta]
setenta e um	setenta y uno	[se'tenta i 'uno]
setenta e dois	setenta y dos	[se'tenta i 'dos]
setenta e três	setenta y tres	[se'tenta i 'tres]
oitenta	ochenta	[o'ʧenta]
oitenta e um	ochenta y uno	[o'ʧenta i 'uno]
oitenta e dois	ochenta y dos	[o'ʧenta i 'dos]
oitenta e três	ochenta y tres	[o'ʧenta i 'tres]
noventa	noventa	[no'βenta]
noventa e um	noventa y uno	[no'βenta i 'uno]
noventa e dois	noventa y dos	[no'βenta i 'dos]
noventa e três	noventa y tres	[no'βenta i 'tres]

4. Números cardinais. Parte 2

cem	cien	[θjen]
duzentos	doscientos	[doθ·'θjentos]
trezentos	trescientos	[treθ·'θjentos]
quatrocentos	cuatrocientos	[ku'atro·'θjentos]
quinhentos	quinientos	[ki'njentos]
seiscentos	seiscientos	[sejs·'θjentos]
setecentos	setecientos	[θete·'θjentos]
oitocentos	ochocientos	[oʧo·'θjentos]
novecentos	novecientos	[noβe·'θjentos]
mil	mil	[milʲ]
dois mil	dos mil	[dos 'milʲ]
três mil	tres mil	[tres 'milʲ]
dez mil	diez mil	[djeθ 'milʲ]
cem mil	cien mil	[θjen 'milʲ]
um milhão	millón (m)	[mi'jon]
um bilhão	mil millones	[milʲ mi'jones]

5. Números. Frações

fração (f)	fracción (f)	[frak'θjon]
um meio	un medio	[un 'meðio]

| um terço | un tercio | [un 'terθio] |
| um quarto | un cuarto | [un ku'arto] |

| um oitavo | un octavo | [un ok'taβo] |
| um décimo | un décimo | [un 'deθimo] |

| dois terços | dos tercios | [dos 'terθjos] |
| três quartos | tres cuartos | [tres ku'artos] |

6. Números. Operações básicas

subtração (f)	sustracción (f)	[sustrak'θjon]
subtrair (vi, vt)	sustraer (vt)	[sustra'er]
divisão (f)	división (f)	[diβi'θjon]
dividir (vt)	dividir (vt)	[diβi'ðir]

adição (f)	adición (f)	[aði'θjon]
somar (vt)	sumar (vt)	[su'mar]
adicionar (vt)	adicionar (vt)	[aðiθjo'nar]
multiplicação (f)	multiplicación (f)	[mulʲtiplika'θjon]
multiplicar (vt)	multiplicar (vt)	[mulʲtipli'kar]

7. Números. Diversos

algarismo, dígito (m)	cifra (f)	['θifra]
número (m)	número (m)	['numero]
numeral (m)	numeral (m)	[nu̞me'ralʲ]
menos (m)	menos (m)	['menos]
mais (m)	más (m)	[mas]
fórmula (f)	fórmula (f)	['formulʲa]

cálculo (m)	cálculo (m)	['kalʲkulʲo]
contar (vt)	contar (vt)	[kon'tar]
calcular (vt)	calcular (vt)	[kalʲku'lʲar]
comparar (vt)	comparar (vt)	[kompa'rar]

Quanto, -os, -as?	¿Cuánto?	[ku'anto]
soma (f)	suma (f)	['suma]
resultado (m)	resultado (m)	[resulʲ'taðo]
resto (m)	resto (m)	['resto]

alguns, algumas ...	algunos, algunas ...	[alʲ'gunos], [alʲ'gunas]
pouco (~ tempo)	poco, poca	['poko], ['poka]
resto (m)	resto (m)	['resto]

| um e meio | uno y medio | ['uno i 'meðio] |
| dúzia (f) | docena (f) | [do'θena] |

ao meio	en dos	[en 'dos]
em partes iguais	en partes iguales	[en 'partes igu'ales]
metade (f)	mitad (f)	[mi'tað]
vez (f)	vez (f)	[beθ]

8. Os verbos mais importantes. Parte 1

abrir (vt)	abrir (vt)	[a'βrir]
acabar, terminar (vt)	acabar, terminar (vt)	[aka'βar], [termi'nar]
aconselhar (vt)	aconsejar (vt)	[akonse'χar]
adivinhar (vt)	adivinar (vt)	[aðiβi'nar]
advertir (vt)	advertir (vt)	[aðβer'tir]
ajudar (vt)	ayudar (vt)	[aju'ðar]
almoçar (vi)	almorzar (vi)	[alʲmor'θar]
alugar (~ um apartamento)	alquilar (vt)	[alʲki'lʲar]
amar (pessoa)	querer, amar (vt)	[ke'rer], [a'mar]
ameaçar (vt)	amenazar (vt)	[amena'θar]
anotar (escrever)	tomar nota	[to'mar 'nota]
apressar-se (vr)	tener prisa	[te'ner 'prisa]
arrepender-se (vr)	arrepentirse (vr)	[arepen'tirse]
assinar (vt)	firmar (vt)	[fir'mar]
brincar (vi)	bromear (vi)	[brome'ar]
brincar, jogar (vi, vt)	jugar (vi)	[χu'gar]
buscar (vt)	buscar (vt)	[bus'kar]
caçar (vi)	cazar (vi, vt)	[ka'θar]
cair (vi)	caer (vi)	[ka'er]
cavar (vt)	cavar (vt)	[ka'βar]
chamar (~ por socorro)	llamar (vt)	[ja'mar]
chegar (vi)	llegar (vi)	[je'gar]
chorar (vi)	llorar (vi)	[jo'rar]
começar (vt)	comenzar (vi, vt)	[komen'θar]
comparar (vt)	comparar (vt)	[kompa'rar]
concordar (dizer "sim")	estar de acuerdo	[es'tar de aku'erðo]
confiar (vt)	confiar (vt)	[komɲ'fjar]
confundir (equivocar-se)	confundir (vt)	[komɲfun'dir]
conhecer (vt)	conocer (vt)	[kono'θer]
contar (fazer contas)	contar (vt)	[kon'tar]
contar com ...	contar con ...	[kon'tar kon]
continuar (vt)	continuar (vt)	[kontinu'ar]
controlar (vt)	controlar (vt)	[kontro'lʲar]
convidar (vt)	invitar (vt)	[imbi'tar]
correr (vi)	correr (vi)	[ko'rer]
criar (vt)	crear (vt)	[kre'ar]
custar (vt)	costar (vt)	[kos'tar]

9. Os verbos mais importantes. Parte 2

dar (vt)	dar (vt)	[dar]
dar uma dica	dar una pista	[dar 'una 'pista]
decorar (enfeitar)	decorar (vt)	[deko'rar]
defender (vt)	defender (vt)	[defen'der]
deixar cair (vt)	dejar caer	[de'χar ka'er]

descer (para baixo)	descender (vi)	[deθen'der]
desculpar (vt)	disculpar (vt)	[diskulʲ'par]
dirigir (~ uma empresa)	dirigir (vt)	[diri'χir]
discutir (notícias, etc.)	discutir (vt)	[disku'tir]
disparar, atirar (vi)	tirar, disparar (vi)	[ti'rar], [dispa'rar]
dizer (vt)	decir (vt)	[de'θir]
duvidar (vt)	dudar (vt)	[du'ðar]
encontrar (achar)	encontrar (vt)	[eŋkon'trar]
enganar (vt)	engañar (vi, vt)	[enga'njar]
entender (vt)	comprender (vt)	[kompren'der]
entrar (na sala, etc.)	entrar (vi)	[en'trar]
enviar (uma carta)	enviar (vt)	[em'bjar]
errar (enganar-se)	equivocarse (vr)	[ekiβo'karse]
escolher (vt)	escoger (vt)	[esko'χer]
esconder (vt)	esconder (vt)	[eskon'der]
escrever (vt)	escribir (vt)	[eskri'βir]
esperar (aguardar)	esperar (vt)	[espe'rar]
esperar (ter esperança)	esperar (vi)	[espe'rar]
esquecer (vt)	olvidar (vt)	[olʲβi'ðar]
estar (vi)	estar (vi)	[es'tar]
estudar (vt)	estudiar (vt)	[estu'ðjar]
exigir (vt)	exigir (vt)	[eksi'χir]
existir (vi)	existir (vi)	[eksis'tir]
explicar (vt)	explicar (vt)	[ekspli'kar]
falar (vi)	hablar (vi, vt)	[a'βlʲar]
faltar (a la escuela, etc.)	faltar a ...	[falʲ'tar a]
fazer (vt)	hacer (vt)	[a'θer]
ficar em silêncio	callarse (vr)	[ka'jarse]
gabar-se (vr)	jactarse, alabarse (vr)	[χas'tarse], [alʲa'βarse]
gostar (apreciar)	gustar (vi)	[gus'tar]
gritar (vi)	gritar (vi)	[gri'tar]
guardar (fotos, etc.)	guardar (vt)	[guar'ðar]
informar (vt)	informar (vt)	[imfor'mar]
insistir (vi)	insistir (vi)	[insis'tir]
insultar (vt)	insultar (vt)	[insulʲ'tar]
interessar-se (vr)	interesarse (vr)	[intere'sarse]
ir (a pé)	ir (vi)	[ir]
ir nadar	bañarse (vr)	[ba'njarse]
jantar (vi)	cenar (vi)	[θe'nar]

10. Os verbos mais importantes. Parte 3

ler (vt)	leer (vi, vt)	[le'er]
libertar, liberar (vt)	liberar (vt)	[liβe'rar]
matar (vt)	matar (vt)	[ma'tar]
mencionar (vt)	mencionar (vt)	[menθjo'nar]
mostrar (vt)	mostrar (vt)	[mos'trar]

mudar (modificar)	cambiar (vt)	[kam'bjar]
nadar (vi)	nadar (vi)	[na'ðar]
negar-se a ... (vr)	negarse (vr)	[ne'garse]
objetar (vt)	objetar (vt)	[oβχe'tar]
observar (vt)	observar (vt)	[oβser'βar]
ordenar (mil.)	ordenar (vt)	[orðe'nar]
ouvir (vt)	oír (vt)	[o'ir]
pagar (vt)	pagar (vi, vt)	[pa'gar]
parar (vi)	pararse (vr)	[pa'rarse]
parar, cessar (vt)	cesar (vt)	[θe'sar]
participar (vi)	participar (vi)	[partiθi'par]
pedir (comida, etc.)	pedir (vt)	[pe'ðir]
pedir (um favor, etc.)	pedir (vt)	[pe'ðir]
pegar (tomar)	tomar (vt)	[to'mar]
pegar (uma bola)	coger (vt)	[ko'χer]
pensar (vi, vt)	pensar (vi, vt)	[pen'sar]
perceber (ver)	percibir (vt)	[perθi'βir]
perdoar (vt)	perdonar (vt)	[perðo'nar]
perguntar (vt)	preguntar (vt)	[pregun'tar]
permitir (vt)	permitir (vt)	[permi'tir]
pertencer a ... (vi)	pertenecer a ...	[pertene'θer a]
planejar (vt)	planear (vt)	[plʲane'ar]
poder (~ fazer algo)	poder (v aux)	[po'ðer]
possuir (uma casa, etc.)	poseer (vt)	[pose'er]
preferir (vt)	preferir (vt)	[prefe'rir]
preparar (vt)	preparar (vt)	[prepa'rar]
prever (vt)	prever (vt)	[pre'βer]
prometer (vt)	prometer (vt)	[prome'ter]
pronunciar (vt)	pronunciar (vt)	[pronun'θjar]
propor (vt)	proponer (vt)	[propo'ner]
punir (castigar)	punir, castigar (vt)	[pu'nir], [kasti'gar]
quebrar (vt)	quebrar (vt)	[ke'βrar]
queixar-se de ...	quejarse (vr)	[ke'χarse]
querer (desejar)	querer (vt)	[ke'rer]

11. Os verbos mais importantes. Parte 4

ralhar, repreender (vt)	regañar, reprender (vt)	[rega'njar], [repren'der]
recomendar (vt)	recomendar (vt)	[rekomen'dar]
repetir (dizer outra vez)	repetir (vt)	[repe'tir]
reservar (~ um quarto)	reservar (vt)	[reser'βar]
responder (vt)	responder (vi, vt)	[respon'der]
rezar, orar (vi)	orar (vi)	[o'rar]
rir (vi)	reírse (vr)	[re'irse]
roubar (vt)	robar (vt)	[ro'βar]
saber (vt)	saber (vt)	[sa'βer]
sair (~ de casa)	salir (vi)	[sa'lir]

salvar (resgatar)	salvar (vt)	[sal'βar]
seguir (~ alguém)	seguir ...	[se'gir]
sentar-se (vr)	sentarse (vr)	[sen'tarse]
ser (vi)	ser (vi)	[ser]
ser necessário	ser necesario	[ser neθe'sario]

ser, estar	ser, estar (vi)	[ser], [es'tar]
significar (vt)	significar (vt)	[siɣnifi'kar]
sorrir (vi)	sonreír (vi)	[sonre'ir]
subestimar (vt)	subestimar (vt)	[suβesti'mar]
surpreender-se (vr)	sorprenderse (vr)	[sorpren'derse]

tentar (~ fazer)	probar, tentar (vt)	[pro'βar], [ten'tar]
ter (vt)	tener (vt)	[te'ner]
ter fome	tener hambre	[te'ner 'ambre]

ter medo	tener miedo	[te'ner 'mjeðo]
ter sede	tener sed	[te'ner 'seð]
tocar (com as mãos)	tocar (vt)	[to'kar]
tomar café da manhã	desayunar (vi)	[desaju'nar]
trabalhar (vi)	trabajar (vi)	[traβa'xar]
traduzir (vt)	traducir (vt)	[traðu'θir]

unir (vt)	unir (vt)	[u'nir]
vender (vt)	vender (vt)	[ben'der]
ver (vt)	ver (vt)	[ber]
virar (~ para a direita)	girar (vi)	[xi'rar]
voar (vi)	volar (vi)	[bo'lʲar]

12. Cores

cor (f)	color (m)	[ko'lʲor]
tom (m)	matiz (m)	[ma'tiθ]
tonalidade (m)	tono (m)	['tono]
arco-íris (m)	arco (m) iris	['arko 'iris]

branco (adj)	blanco (adj)	['blʲaŋko]
preto (adj)	negro (adj)	['neɣro]
cinza (adj)	gris (adj)	['gris]

verde (adj)	verde (adj)	['berðe]
amarelo (adj)	amarillo (adj)	[ama'rijo]
vermelho (adj)	rojo (adj)	['roxo]

azul (adj)	azul (adj)	[a'θulʲ]
azul claro (adj)	azul claro (adj)	[a'θulʲ 'klʲaro]
rosa (adj)	rosa (adj)	['rosa]
laranja (adj)	naranja (adj)	[na'ranxa]
violeta (adj)	violeta (adj)	[bio'leta]
marrom (adj)	marrón (adj)	[ma'ron]

dourado (adj)	dorado (adj)	[do'raðo]
prateado (adj)	argentado (adj)	[arxen'taðo]
bege (adj)	beige (adj)	['bejʒ]

creme (adj)	crema (adj)	['krema]
turquesa (adj)	turquesa (adj)	[tur'kesa]
vermelho cereja (adj)	rojo cereza (adj)	['roχo θe'reθa]
lilás (adj)	lila (adj)	['liˡa]
carmim (adj)	carmesí (adj)	[karme'si]
claro (adj)	claro (adj)	['kⁱaro]
escuro (adj)	oscuro (adj)	[os'kuro]
vivo (adj)	vivo (adj)	['biβo]
de cor	de color (adj)	[de ko'lⁱor]
a cores	en colores (adj)	[en ko'lⁱores]
preto e branco (adj)	blanco y negro (adj)	['blⁱaŋko i 'neγro]
unicolor (de uma só cor)	unicolor (adj)	[uniko'lⁱor]
multicolor (adj)	multicolor (adj)	[mulⁱtiko'lⁱor]

13. Questões

Quem?	¿Quién?	['kjen]
O que?	¿Qué?	[ke]
Onde?	¿Dónde?	['donde]
Para onde?	¿Adónde?	[a'ðonde]
De onde?	¿De dónde?	[de 'donde]
Quando?	¿Cuándo?	[ku'ando]
Para quê?	¿Para qué?	[para 'ke]
Por quê?	¿Por qué?	[por 'ke]
Para quê?	¿Por qué razón?	[por ke ra'θon]
Como?	¿Cómo?	['komo]
Qual (~ é o problema?)	¿Qué?	[ke]
Qual (~ deles?)	¿Cuál?	[ku'alⁱ]
A quem?	¿A quién?	[a 'kjen]
De quem?	¿De quién?	[de 'kjen]
Do quê?	¿De qué?	[de 'ke]
Com quem?	¿Con quién?	[kon 'kjen]
Quanto, -os, -as?	¿Cuánto?	[ku'anto]
De quem? (masc.)	¿De quién?	[de 'kjen]

14. Palavras funcionais. Advérbios. Parte 1

Onde?	¿Dónde?	['donde]
aqui	aquí (adv)	[a'ki]
lá, ali	allí (adv)	[a'ji]
em algum lugar	en alguna parte	[en alⁱ'guna 'parte]
em lugar nenhum	en ninguna parte	[en nin'guna 'parte]
perto de ...	junto a ...	['χunto a]
perto da janela	junto a la ventana	['χunto a lⁱa ben'tana]
Para onde?	¿Adónde?	[a'ðonde]

aqui	aquí (adv)	[a'ki]
para lá	allí (adv)	[a'ji]
daqui	de aquí (adv)	[de a'ki]
de lá, dali	de allí (adv)	[de a'ji]

| perto | cerca | ['θerka] |
| longe | lejos (adv) | ['leχos] |

perto de ...	cerca de ...	['θerka de]
à mão, perto	al lado de ...	[alʲ 'lʲaðo de]
não fica longe	no lejos (adv)	[no 'leχos]

esquerdo (adj)	izquierdo (adj)	[iθ'kjerðo]
à esquerda	a la izquierda	[a lʲa iθ'kjerða]
para a esquerda	a la izquierda	[a lʲa iθ'kjerða]

direito (adj)	derecho (adj)	[de'retʃo]
à direita	a la derecha	[a lʲa de'retʃa]
para a direita	a la derecha	[a lʲa de'retʃa]

em frente	delante	[de'lʲante]
da frente	delantero (adj)	[delʲan'tero]
adiante (para a frente)	adelante	[aðe'lʲante]

atrás de ...	detrás de ...	[de'tras de]
de trás	desde atrás	['desðe a'tras]
para trás	atrás	[a'tras]

| meio (m), metade (f) | centro (m), medio (m) | ['θentro], ['meðio] |
| no meio | en medio (adv) | [en 'meðio] |

do lado	de lado (adv)	[de 'lʲaðo]
em todo lugar	en todas partes	[en 'toðas 'partes]
por todos os lados	alrededor (adv)	[alʲreðe'ðor]

de dentro	de dentro (adv)	[de 'dentro]
para algum lugar	a alguna parte	[a alʲ'guna 'parte]
diretamente	todo derecho (adv)	['toðo de'retʃo]
de volta	atrás	[a'tras]

| de algum lugar | de alguna parte | [de alʲ'guna 'parte] |
| de algum lugar | de alguna parte | [de alʲ'guna 'parte] |

em primeiro lugar	primero (adv)	[pri'mero]
em segundo lugar	segundo (adv)	[se'gundo]
em terceiro lugar	tercero (adv)	[ter'θero]

de repente	de súbito (adv)	[de 'suβito]
no início	al principio (adv)	[alʲ prin'θipio]
pela primeira vez	por primera vez	[por pri'mera beθ]
muito antes de ...	mucho tiempo antes ...	['mutʃo 'tjempo 'antes]
de novo	de nuevo (adv)	[de nu'eβo]
para sempre	para siempre (adv)	['para 'sjempre]

| nunca | nunca (adv) | ['nuŋka] |
| de novo | de nuevo (adv) | [de nu'eβo] |

agora	ahora (adv)	[a'ora]
frequentemente	frecuentemente (adv)	[frekuente'mente]
então	entonces (adv)	[en'tonθes]
urgentemente	urgentemente (adv)	[urҳente'mente]
normalmente	usualmente (adv)	[usualʲ'mente]
a propósito, ...	a propósito, ...	[a pro'posito]
é possível	es probable	[es pro'βaβle]
provavelmente	probablemente	[proβaβle'mente]
talvez	tal vez	[talʲ beθ]
além disso, ...	además ...	[aðe'mas]
por isso ...	por eso ...	[por 'eso]
apesar de ...	a pesar de ...	[a pe'sar de]
graças a ...	gracias a ...	['graθias a]
que (pron.)	qué	[ke]
que (conj.)	que	[ke]
algo	algo	['alʲgo]
alguma coisa	algo	['alʲgo]
nada	nada (f)	['naða]
quem	quien	[kjen]
alguém (~ que ...)	alguien	['alʲgjen]
alguém (com ~)	alguien	['alʲgjen]
ninguém	nadie	['naðje]
para lugar nenhum	a ninguna parte	[a nin'guna 'parte]
de ninguém	de nadie	[de 'naðje]
de alguém	de alguien	[de 'alʲgjen]
tão	tan, tanto (adv)	[tan], ['tanto]
também (gostaria ~ de ...)	también	[tam'bjen]
também (~ eu)	también	[tam'bjen]

15. Palavras funcionais. Advérbios. Parte 2

Por quê?	¿Por qué?	[por 'ke]
por alguma razão	por alguna razón	[por alʲ'guna ra'θon]
porque ...	porque ...	['porke]
por qualquer razão	por cualquier razón (adv)	[por kualʲ'kjer ra'θon]
e (tu ~ eu)	y	[i]
ou (ser ~ não ser)	o	[o]
mas (porém)	pero	['pero]
para (~ a minha mãe)	para	['para]
muito, demais	demasiado (adv)	[dema'sjaðo]
só, somente	sólo, solamente (adv)	['solʲo], [solʲa'mente]
exatamente	exactamente (adv)	[eksakta'mente]
cerca de (~ 10 kg)	cerca de ...	['θerka de]
aproximadamente	aproximadamente	[aproksimaða'mente]
aproximado (adj)	aproximado (adj)	[aproksi'maðo]
quase	casi (adv)	['kasi]

resto (m)	resto (m)	['resto]
o outro (segundo)	el otro (adj)	[elʲ 'otro]
outro (adj)	otro (adj)	['otro]
cada (adj)	cada (adj)	['kaða]
qualquer (adj)	cualquier (adj)	[kualʲi'kjer]
muito, muitos, muitas	mucho (adv)	['muʧo]
muitas pessoas	mucha gente	['muʧa 'χente]
todos	todos	['toðos]
em troca de ...	a cambio de ...	[a 'kambjo de]
em troca	en cambio (adv)	[en 'kambio]
à mão	a mano	[a 'mano]
pouco provável	poco probable	['poko pro'βaβle]
provavelmente	probablemente	[proβaβle'mente]
de propósito	a propósito (adv)	[a pro'posito]
por acidente	por accidente (adv)	[por akθi'ðente]
muito	muy (adv)	['muj]
por exemplo	por ejemplo (adv)	[por e'χemplʲo]
entre	entre	['entre]
entre (no meio de)	entre	['entre]
tanto	tanto	['tanto]
especialmente	especialmente (adv)	[espeθjalʲi'mente]

Conceitos básicos. Parte 2

rico (adj)	rico (adj)	['riko]
pobre (adj)	pobre (adj)	['poβre]
doente (adj)	enfermo (adj)	[eɱ'fermo]
bem (adj)	sano (adj)	['sano]
grande (adj)	grande (adj)	['grande]
pequeno (adj)	pequeño (adj)	[pe'kenjo]
rapidamente	rápidamente (adv)	['rapiða'mente]
lentamente	lentamente (adv)	[lenta'mente]
rápido (adj)	rápido (adj)	['rapiðo]
lento (adj)	lento (adj)	['lento]
alegre (adj)	alegre (adj)	[a'leɣre]
triste (adj)	triste (adj)	['triste]
juntos (ir ~)	juntos (adv)	['χuntos]
separadamente	separadamente	[separaða'mente]
em voz alta (ler ~)	en voz alta	[en 'boθ 'alʲta]
para si (em silêncio)	en silencio	[en si'lenθio]
alto (adj)	alto (adj)	['alʲto]
baixo (adj)	bajo (adj)	['baχo]
profundo (adj)	profundo (adj)	[pro'fundo]
raso (adj)	poco profundo (adj)	['poko pro'fundo]
sim	sí	[si]
não	no	[no]
distante (adj)	lejano, distante (adj)	[le'χano], [dis'tante]
próximo (adj)	próximo, cercano (adj)	['proksimo], [θer'kano]
longe	lejos (adv)	['leχos]
à mão, perto	cerco (adv)	['θerko]
longo (adj)	largo (adj)	['lʲargo]
curto (adj)	corto (adj)	['korto]
bom (bondoso)	bueno, bondadoso (adj)	[bu'eno], [bonda'ðoso]
mal (adj)	malo, malvado (adj)	['malʲo], [malʲi'βaðo]

casado (adj)	casado (adj)	[ka'saðo]
solteiro (adj)	soltero (adj)	[solʲ'tero]
proibir (vt)	prohibir (vt)	[proi'βir]
permitir (vt)	permitir (vt)	[permi'tir]
fim (m)	fin (m)	[fin]
início (m)	principio, comienzo (m)	[prin'θipio], [ko'mjenθo]
esquerdo (adj)	izquierdo (adj)	[iθ'kjerðo]
direito (adj)	derecho (adj)	[de'retʃo]
primeiro (adj)	primero (adj)	[pri'mero]
último (adj)	último (adj)	['ulʲtimo]
crime (m)	crimen (m)	['krimen]
castigo (m)	castigo (m)	[kas'tigo]
ordenar (vt)	ordenar (vt)	[orðe'nar]
obedecer (vt)	obedecer (vi, vt)	[oβeðe'θer]
reto (adj)	recto (adj)	['rekto]
curvo (adj)	curvo (adj)	['kurβo]
paraíso (m)	paraíso (m)	[para'iso]
inferno (m)	infierno (m)	[iɱ'fjerno]
nascer (vi)	nacer (vi)	[na'θer]
morrer (vi)	morir (vi)	[mo'rir]
forte (adj)	fuerte (adj)	[fu'erte]
fraco, débil (adj)	débil (adj)	['deβilʲ]
velho, idoso (adj)	viejo (adj)	['bjeχo]
jovem (adj)	joven (adj)	['χoβen]
velho (adj)	viejo (adj)	['bjeχo]
novo (adj)	nuevo (adj)	[nu'eβo]
duro (adj)	duro (adj)	['duro]
macio (adj)	blando (adj)	['blʲando]
quente (adj)	tibio (adj)	['tiβio]
frio (adj)	frío (adj)	['frio]
gordo (adj)	gordo (adj)	['gorðo]
magro (adj)	delgado (adj)	[delʲ'gado]
estreito (adj)	estrecho (adj)	[es'tretʃo]
largo (adj)	ancho (adj)	['antʃo]
bom (adj)	bueno (adj)	[bu'eno]
mau (adj)	malo (adj)	['malʲo]
valente, corajoso (adj)	valiente (adj)	[ba'ljente]
covarde (adj)	cobarde (adj)	[ko'βarðe]

17. Dias da semana

segunda-feira (f)	lunes (m)	['lʲunes]
terça-feira (f)	martes (m)	['martes]
quarta-feira (f)	miércoles (m)	['mjerkoles]
quinta-feira (f)	jueves (m)	[χu'eβes]
sexta-feira (f)	viernes (m)	['bjernes]
sábado (m)	sábado (m)	['saβaðo]
domingo (m)	domingo (m)	[do'mingo]
hoje	hoy (adv)	[oj]
amanhã	mañana (adv)	[ma'njana]
depois de amanhã	pasado mañana	[pa'saðo ma'njana]
ontem	ayer (adv)	[a'jer]
anteontem	anteayer (adv)	[ante·a'jer]
dia (m)	día (m)	['dia]
dia (m) de trabalho	día (m) de trabajo	['dia de tra'βaχo]
feriado (m)	día (m) de fiesta	['dia de 'fjesta]
dia (m) de folga	día (m) de descanso	['dia de des'kanso]
fim (m) de semana	fin (m) de semana	['fin de se'mana]
o dia todo	todo el día	['toðo elʲ 'dia]
no dia seguinte	al día siguiente	[alʲ 'dia si'gjente]
há dois dias	dos días atrás	[dos 'dias a'tras]
na véspera	en vísperas (adv)	[en 'bisperas]
diário (adj)	diario (adj)	['djario]
todos os dias	cada día (adv)	['kaða 'dia]
semana (f)	semana (f)	[se'mana]
na semana passada	semana (f) pasada	[se'mana pa'saða]
semana que vem	semana (f) que viene	[se'mana ke 'bjene]
semanal (adj)	semanal (adj)	[sema'nalʲ]
toda semana	cada semana (adv)	['kaða se'mana]
duas vezes por semana	dos veces por semana	[dos 'beθes por se'mana]
toda terça-feira	todos los martes	['toðos los 'martes]

18. Horas. Dia e noite

manhã (f)	mañana (f)	[ma'njana]
de manhã	por la mañana	[por lʲa ma'njana]
meio-dia (m)	mediodía (m)	['meðjo'ðia]
à tarde	por la tarde	[por lʲa 'tarðe]
tardinha (f)	noche (f)	['notʃe]
à tardinha	por la noche	[por lʲa 'notʃe]
noite (f)	noche (f)	['notʃe]
à noite	por la noche	[por lʲa 'notʃe]
meia-noite (f)	medianoche (f)	['meðia'notʃe]
segundo (m)	segundo (m)	[se'gundo]
minuto (m)	minuto (m)	[mi'nuto]
hora (f)	hora (f)	['ora]

meia hora (f)	media hora (f)	['meðia 'ora]
quarto (m) de hora	cuarto (m) de hora	[ku'arto de 'ora]
quinze minutos	quince minutos	['kinθe mi'nutos]
vinte e quatro horas	veinticuatro horas	['bejti·ku'atro 'oras]
nascer (m) do sol	salida (f) del sol	[sa'liða delʲ 'solʲ]
amanhecer (m)	amanecer (m)	[amane'θer]
madrugada (f)	madrugada (f)	[maðru'gaða]
pôr-do-sol (m)	puesta (f) del sol	[pu'esta delʲ 'solʲ]
de madrugada	de madrugada	[de maðru'gaða]
esta manhã	esta mañana	['esta ma'njana]
amanhã de manhã	mañana por la mañana	[ma'njana por lʲa ma'njana]
esta tarde	esta tarde	['esta 'tarðe]
à tarde	por la tarde	[por lʲa 'tarðe]
amanhã à tarde	mañana por la tarde	[ma'njana por lʲa 'tarðe]
esta noite, hoje à noite	esta noche	['esta 'notʃe]
amanhã à noite	mañana por la noche	[ma'njana por lʲa 'notʃe]
às três horas em ponto	a las tres en punto	[a lʲas 'tres en 'punto]
por volta das quatro	a eso de las cuatro	[a 'eso de lʲas ku'atro]
às doze	para las doce	['para lʲas 'doθe]
em vinte minutos	dentro de veinte minutos	['dentro de 'bejnte mi'nutos]
em uma hora	dentro de una hora	['dentro de 'una 'ora]
a tempo	a tiempo (adv)	[a 'tjempo]
… um quarto para	… menos cuarto	['menos ku'arto]
dentro de uma hora	durante una hora	[du'rante 'una 'ora]
a cada quinze minutos	cada quince minutos	['kaða 'kinθe mi'nutos]
as vinte e quatro horas	día y noche	['dia i 'notʃe]

19. Meses. Estações

janeiro (m)	enero (m)	[e'nero]
fevereiro (m)	febrero (m)	[fe'βrero]
março (m)	marzo (m)	['marθo]
abril (m)	abril (m)	[a'βrilʲ]
maio (m)	mayo (m)	['majo]
junho (m)	junio (m)	['χunio]
julho (m)	julio (m)	['χulio]
agosto (m)	agosto (m)	[a'gosto]
setembro (m)	septiembre (m)	[sep'tjembre]
outubro (m)	octubre (m)	[ok'tuβre]
novembro (m)	noviembre (m)	[no'βjembre]
dezembro (m)	diciembre (m)	[di'θjembre]
primavera (f)	primavera (f)	[prima'βera]
na primavera	en primavera	[en prima'βera]
primaveril (adj)	de primavera (adj)	[de prima'βera]
verão (m)	verano (m)	[be'rano]

no verão	en verano	[em be'rano]
de verão (adj)	de verano (adj)	[de be'rano]
outono (m)	otoño (m)	[o'tonjo]
no outono	en otoño	[en o'tonjo]
outonal (adj)	de otoño (adj)	[de o'tonjo]
inverno (m)	invierno (m)	[im'bjerno]
no inverno	en invierno	[en im'bjerno]
de inverno	de invierno (adj)	[de im'bjerno]
mês (m)	mes (m)	[mes]
este mês	este mes	['este 'mes]
mês que vem	al mes siguiente	[alʲ 'mes si'gjente]
no mês passado	el mes pasado	[elʲ 'mes pa'saðo]
um mês atrás	hace un mes	['aθe un 'mes]
em um mês	dentro de un mes	['dentro de un mes]
em dois meses	dentro de dos meses	['dentro de dos 'meses]
todo o mês	todo el mes	['toðo elʲ 'mes]
um mês inteiro	todo un mes	['toðo un 'mes]
mensal (adj)	mensual (adj)	[mensu'alʲ]
mensalmente	mensualmente (adv)	[mensualʲ'mente]
todo mês	cada mes	['kaða 'mes]
duas vezes por mês	dos veces por mes	[dos 'beθes por 'mes]
ano (m)	año (m)	['anjo]
este ano	este año	['este 'anjo]
ano que vem	el próximo año	[elʲ 'proksimo 'anjo]
no ano passado	el año pasado	[elʲ 'anjo pa'saðo]
há um ano	hace un año	['aθe un 'anjo]
em um ano	dentro de un año	['dentro de un 'anjo]
dentro de dois anos	dentro de dos años	['dentro de dos 'anjos]
todo o ano	todo el año	['toðo elʲ 'anjo]
um ano inteiro	todo un año	['toðo un 'anjo]
cada ano	cada año	['kaða 'anjo]
anual (adj)	anual (adj)	[anu'alʲ]
anualmente	anualmente (adv)	[anualʲ'mente]
quatro vezes por ano	cuatro veces por año	[ku'atro 'beθes por 'anjo]
data (~ de hoje)	fecha (f)	['fetʃa]
data (ex. ~ de nascimento)	fecha (f)	['fetʃa]
calendário (m)	calendario (m)	[kalen'dario]
meio ano	medio año (m)	['meðjo 'anjo]
seis meses	seis meses	['sejs 'meses]
estação (f)	estación (f)	[esta'θjon]
século (m)	siglo (m)	['siɣlʲo]

20. Tempo. Diversos

tempo (m)	tiempo (m)	['tjempo]
momento (m)	momento (m)	[mo'mento]

instante (m)	instante (m)	[ins'tante]
instantâneo (adj)	instantáneo (adj)	[instan'taneo]
lapso (m) de tempo	lapso (m) de tiempo	['lʲapso de 'tjempo]
vida (f)	vida (f)	['biða]
eternidade (f)	eternidad (f)	[eterni'ðað]

época (f)	época (f)	['epoka]
era (f)	era (f)	['era]
ciclo (m)	ciclo (m)	['θiklʲo]
período (m)	periodo (m)	[pe'rjoðo]
prazo (m)	plazo (m)	['plʲaθo]

futuro (m)	futuro (m)	[fu'turo]
futuro (adj)	futuro (adj)	[fu'turo]
da próxima vez	la próxima vez	[lʲa 'proksima 'beθ]
passado (m)	pasado (m)	[pa'saðo]
passado (adj)	pasado (adj)	[pa'saðo]
na última vez	la última vez	[lʲa 'ulʲtima 'beθ]
mais tarde	más tarde (adv)	[mas 'tarðe]
depois de ...	después	[despu'es]
atualmente	actualmente (adv)	[aktualʲ'mente]
agora	ahora (adv)	[a'ora]
imediatamente	inmediatamente	[immeðjata'mente]
em breve	pronto (adv)	['pronto]
de antemão	de antemano (adv)	[de ante'mano]

há muito tempo	hace mucho tiempo	['aθe 'mutʃo 'tjempo]
recentemente	hace poco (adv)	['aθe 'poko]
destino (m)	destino (m)	[des'tino]
recordações (f pl)	recuerdos (m pl)	[reku'erðos]
arquivo (m)	archivo (m)	[ar'tʃiβo]
durante ...	durante ...	[du'rante]
durante muito tempo	mucho tiempo (adv)	['mutʃo 'tjempo]
pouco tempo	poco tiempo (adv)	['poko 'tjempo]
cedo (levantar-se ~)	temprano (adv)	[tem'prano]
tarde (deitar-se ~)	tarde (adv)	['tarðe]

para sempre	para siempre (adv)	['para 'sjempre]
começar (vt)	comenzar (vt)	[komen'θar]
adiar (vt)	aplazar (vt)	[aplʲa'θar]

ao mesmo tempo	simultáneamente	[simulʲ'tanea'mente]
permanentemente	permanentemente	[permanenta'mente]
constante (~ ruído, etc.)	constante (adj)	[kons'tante]
temporário (adj)	temporal (adj)	[tempo'ralʲ]

às vezes	a veces (adv)	[a 'beθes]
raras vezes, raramente	raras veces, raramente (adv)	['raras 'beθes], [rara'mente]
frequentemente	frecuentemente (adv)	[frekuente'mente]

21. Linhas e formas

quadrado (m)	cuadrado (m)	[kua'ðraðo]
quadrado (adj)	cuadrado (adj)	[kua'ðraðo]

círculo (m)	círculo (m)	['θirkulʲo]
redondo (adj)	redondo (adj)	[re'ðondo]
triângulo (m)	triángulo (m)	[tri'angulʲo]
triangular (adj)	triangular (adj)	[triangu'lʲar]
oval (f)	óvalo (m)	['oβalʲo]
oval (adj)	oval (adj)	[o'βalʲ]
retângulo (m)	rectángulo (m)	[rek'tangulʲo]
retangular (adj)	rectangular (adj)	[rektangu'lʲar]
pirâmide (f)	pirámide (f)	[pi'ramiðe]
losango (m)	rombo (m)	['rombo]
trapézio (m)	trapecio (m)	[tra'peθio]
cubo (m)	cubo (m)	['kuβo]
prisma (m)	prisma (m)	['prisma]
circunferência (f)	circunferencia (f)	[θirkuɱfe'renθia]
esfera (f)	esfera (f)	[es'fera]
globo (m)	globo (m)	['glʲoβo]
diâmetro (m)	diámetro (m)	[di'ametro]
raio (m)	radio (m)	['raðio]
perímetro (m)	perímetro (m)	[pe'rimetro]
centro (m)	centro (m)	['θentro]
horizontal (adj)	horizontal (adj)	[oriθon'talʲ]
vertical (adj)	vertical (adj)	[berti'kalʲ]
paralela (f)	paralela (f)	[para'lʲelʲa]
paralelo (adj)	paralelo (adj)	[para'lʲelʲo]
linha (f)	línea (f)	['linea]
traço (m)	trazo (m)	['traθo]
reta (f)	recta (f)	['rekta]
curva (f)	curva (f)	['kurβa]
fino (linha ~a)	fino (adj)	['fino]
contorno (m)	contorno (m)	[kon'torno]
interseção (f)	intersección (f)	[intersek'θjon]
ângulo (m) reto	ángulo (m) recto	['angulʲo 'rekto]
segmento (m)	segmento (m)	[seɣ'mento]
setor (m)	sector (m)	[sek'tor]
lado (de um triângulo, etc.)	lado (m)	['lʲaðo]
ângulo (m)	ángulo (m)	['angulʲo]

22. Unidades de medida

peso (m)	peso (m)	['peso]
comprimento (m)	longitud (f)	[lʲonxi'tuð]
largura (f)	anchura (f)	[an'ʧura]
altura (f)	altura (f)	[alʲ'tura]
profundidade (f)	profundidad (f)	[profundi'ðað]
volume (m)	volumen (m)	[bo'lʲumen]
área (f)	área (f)	['area]
grama (m)	gramo (m)	['gramo]
miligrama (m)	miligramo (m)	[mili'ɣramo]

quilograma (m)	kilogramo (m)	[kiɪˈo'ɣramo]
tonelada (f)	tonelada (f)	[toneˈlʲaða]
libra (453,6 gramas)	libra (f)	[ˈliβra]
onça (f)	onza (f)	[ˈonθa]
metro (m)	metro (m)	[ˈmetro]
milímetro (m)	milímetro (m)	[miˈlimetro]
centímetro (m)	centímetro (m)	[θenˈtimetro]
quilômetro (m)	kilómetro (m)	[kiˈlʲometro]
milha (f)	milla (f)	[ˈmija]
polegada (f)	pulgada (f)	[pulʲˈgaða]
pé (304,74 mm)	pie (m)	[pje]
jarda (914,383 mm)	yarda (f)	[ˈjarða]
metro (m) quadrado	metro (m) cuadrado	[ˈmetro kua'ðraðo]
hectare (m)	hectárea (f)	[ekˈtarea]
litro (m)	litro (m)	[ˈlitro]
grau (m)	grado (m)	[ˈgraðo]
volt (m)	voltio (m)	[ˈbolʲtio]
ampère (m)	amperio (m)	[amˈperio]
cavalo (m) de potência	caballo (m) de fuerza	[kaˈβajo de fuˈerθa]
quantidade (f)	cantidad (f)	[kantiˈðað]
um pouco de ...	un poco de ...	[un 'poko de]
metade (f)	mitad (f)	[miˈtað]
dúzia (f)	docena (f)	[doˈθena]
peça (f)	pieza (f)	[ˈpjeθa]
tamanho (m), dimensão (f)	dimensión (f)	[dimenˈsjon]
escala (f)	escala (f)	[esˈkalʲa]
mínimo (adj)	mínimo (adj)	[ˈminimo]
menor, mais pequeno	el más pequeño (adj)	[elʲ mas pe'kenjo]
médio (adj)	medio (adj)	[ˈmeðio]
máximo (adj)	máximo (adj)	[ˈmaksimo]
maior, mais grande	el más grande (adj)	[elʲ 'mas 'grande]

23. Recipientes

pote (m) de vidro	tarro (m) de vidrio	[ˈtaro de 'biðrio]
lata (~ de cerveja)	lata (f)	[ˈlʲata]
balde (m)	cubo (m)	[ˈkuβo]
barril (m)	barril (m)	[baˈrilʲ]
bacia (~ de plástico)	palangana (f)	[palʲan'gana]
tanque (m)	tanque (m)	[ˈtaŋke]
cantil (m) de bolso	petaca (f)	[peˈtaka]
galão (m) de gasolina	bidón (m) de gasolina	[biˈðon de gaso'lina]
cisterna (f)	cisterna (f)	[θisˈterna]
caneca (f)	taza (f)	[ˈtaθa]
xícara (f)	taza (f)	[ˈtaθa]

pires (m)	platillo (m)	[plʲa'tijo]
copo (m)	vaso (m)	['baso]
taça (f) de vinho	copa (f) de vino	['kopa de 'bino]
panela (f)	olla (f)	['oja]

| garrafa (f) | botella (f) | [bo'teja] |
| gargalo (m) | cuello (m) de botella | [ku'ejo de bo'teja] |

jarra (f)	garrafa (f)	[ga'rafa]
jarro (m)	jarro (m)	['χaro]
recipiente (m)	recipiente (m)	[reθi'pjente]
pote (m)	tarro (m)	['taro]
vaso (m)	florero (m)	[flʲo'rero]

frasco (~ de perfume)	frasco (m)	['frasko]
frasquinho (m)	frasquito (m)	[fras'kito]
tubo (m)	tubo (m)	['tuβo]

saco (ex. ~ de açúcar)	saco (m)	['sako]
sacola (~ plastica)	bolsa (f)	['bolʲsa]
maço (de cigarros, etc.)	paquete (m)	[pa'kete]

caixa (~ de sapatos, etc.)	caja (f)	['kaχa]
caixote (~ de madeira)	cajón (m)	[ka'χon]
cesto (m)	cesta (f)	['θesta]

24. Materiais

material (m)	material (m)	[mate'rjalʲ]
madeira (f)	madera (f)	[ma'ðera]
de madeira	de madera (adj)	[de ma'ðera]

| vidro (m) | vidrio (m) | ['biðrio] |
| de vidro | de vidrio (adj) | [de 'biðrio] |

| pedra (f) | piedra (f) | ['pjeðra] |
| de pedra | de piedra (adj) | [de 'pjeðra] |

| plástico (m) | plástico (m) | ['plʲastiko] |
| plástico (adj) | de plástico (adj) | [de 'plʲastiko] |

| borracha (f) | goma (f) | ['goma] |
| de borracha | de goma (adj) | [de 'goma] |

| tecido, pano (m) | tela (f) | ['telʲa] |
| de tecido | de tela (adj) | [de 'telʲa] |

| papel (m) | papel (m) | [pa'pelʲ] |
| de papel | de papel (adj) | [de pa'pelʲ] |

papelão (m)	cartón (m)	[kar'ton]
de papelão	de cartón (adj)	[de kar'ton]
polietileno (m)	polietileno (m)	[polieti'leno]
celofane (m)	celofán (m)	[θelʲo'fan]

linóleo (m)	linóleo (m)	[li'noleo]
madeira (f) compensada	contrachapado (m)	[kontratʃa'paðo]

porcelana (f)	porcelana (f)	[porθe'lʲana]
de porcelana	de porcelana (adj)	[de porθe'lʲana]
argila (f), barro (m)	arcilla (f), barro (m)	[ar'θija], ['baro]
de barro	de barro (adj)	[de 'baro]
cerâmica (f)	cerámica (f)	[θe'ramika]
de cerâmica	de cerámica (adj)	[de θe'ramika]

25. Metais

metal (m)	metal (m)	[me'talʲ]
metálico (adj)	metálico (adj)	[me'taliko]
liga (f)	aleación (f)	[alea'θjon]

ouro (m)	oro (m)	['oro]
de ouro	de oro (adj)	[de 'oro]
prata (f)	plata (f)	['plʲata]
de prata	de plata (adj)	[de 'plʲata]

ferro (m)	hierro (m)	['jero]
de ferro	de hierro (adj)	[de 'jero]
aço (m)	acero (m)	[a'θero]
de aço (adj)	de acero (adj)	[de a'θero]
cobre (m)	cobre (m)	['koβre]
de cobre	de cobre (adj)	[de 'koβre]

alumínio (m)	aluminio (m)	[alʲu'minio]
de alumínio	de aluminio (adj)	[de alʲu'minio]
bronze (m)	bronce (m)	['bronθe]
de bronze	de bronce (adj)	[de 'bronθe]

latão (m)	latón (m)	[lʲa'ton]
níquel (m)	níquel (m)	['nikelʲ]
platina (f)	platino (m)	[plʲa'tino]
mercúrio (m)	mercurio (m)	[mer'kurio]
estanho (m)	estaño (m)	[es'tanjo]
chumbo (m)	plomo (m)	['plʲomo]
zinco (m)	zinc (m)	[θiŋk]

O SER HUMANO

O ser humano. O corpo

26. Humanos. Conceitos básicos

ser (m) humano	ser (m) humano	[ser u'mano]
homem (m)	hombre (m)	['ombre]
mulher (f)	mujer (f)	[mu'χer]
criança (f)	niño (m), niña (f)	['ninjo], ['ninja]
menina (f)	niña (f)	['ninja]
menino (m)	niño (m)	['ninjo]
adolescente (m)	adolescente (m)	[aðole'θente]
velho (m)	viejo, anciano (m)	['bjeχo], [an'θjano]
velha (f)	vieja, anciana (f)	['bjeχa], [an'θjana]

27. Anatomia humana

organismo (m)	organismo (m)	[orga'nismo]
coração (m)	corazón (m)	[kora'θon]
sangue (m)	sangre (f)	['sangre]
artéria (f)	arteria (f)	[ar'teria]
veia (f)	vena (f)	['bena]
cérebro (m)	cerebro (m)	[θe'reβro]
nervo (m)	nervio (m)	['nerβio]
nervos (m pl)	nervios (m pl)	['nerβios]
vértebra (f)	vértebra (f)	['berteβra]
coluna (f) vertebral	columna (f) vertebral	[ko'lʲumna berte'βralʲ]
estômago (m)	estómago (m)	[es'tomago]
intestinos (m pl)	intestinos (m pl)	[intes'tinos]
intestino (m)	intestino (m)	[intes'tino]
fígado (m)	hígado (m)	['igaðo]
rim (m)	riñón (m)	[ri'njon]
osso (m)	hueso (m)	[u'eso]
esqueleto (m)	esqueleto (m)	[eske'leto]
costela (f)	costilla (f)	[kos'tija]
crânio (m)	cráneo (m)	['kraneo]
músculo (m)	músculo (m)	['muskulʲo]
bíceps (m)	bíceps (m)	['biθeps]
tríceps (m)	tríceps (m)	['triθeps]
tendão (m)	tendón (m)	[ten'don]
articulação (f)	articulación (f)	[artikulʲa'θjon]

pulmões (m pl)	pulmones (m pl)	[pul'mones]
órgãos (m pl) genitais	genitales (m pl)	[xeni'tales]
pele (f)	piel (f)	[pjelʲ]

28. Cabeça

cabeça (f)	cabeza (f)	[ka'βeθa]
rosto, cara (f)	cara (f)	['kara]
nariz (m)	nariz (f)	[na'riθ]
boca (f)	boca (f)	['boka]
olho (m)	ojo (m)	['oχo]
olhos (m pl)	ojos (m pl)	['oχos]
pupila (f)	pupila (f)	[pu'pilʲa]
sobrancelha (f)	ceja (f)	['θeχa]
cílio (f)	pestaña (f)	[pes'tanja]
pálpebra (f)	párpado (m)	['parpaðo]
língua (f)	lengua (f)	['lengua]
dente (m)	diente (m)	['djente]
lábios (m pl)	labios (m pl)	['lʲaβjos]
maçãs (f pl) do rosto	pómulos (m pl)	['pomulʲos]
gengiva (f)	encía (f)	[en'θia]
palato (m)	paladar (m)	[palʲa'ðar]
narinas (f pl)	ventanas (f pl)	[ben'tanas]
queixo (m)	mentón (m)	[men'ton]
mandíbula (f)	mandíbula (f)	[man'diβulʲa]
bochecha (f)	mejilla (f)	[me'χija]
testa (f)	frente (f)	['frente]
têmpora (f)	sien (f)	[θjen]
orelha (f)	oreja (f)	[o'reχa]
costas (f pl) da cabeça	nuca (f)	['nuka]
pescoço (m)	cuello (m)	[ku'ejo]
garganta (f)	garganta (f)	[gar'ganta]
cabelo (m)	pelo, cabello (m)	['pelʲo], [ka'βejo]
penteado (m)	peinado (m)	[pej'naðo]
corte (m) de cabelo	corte (m) de pelo	['korte de 'pelʲo]
peruca (f)	peluca (f)	[pe'lʲuka]
bigode (m)	bigote (m)	[bi'gote]
barba (f)	barba (f)	['barβa]
ter (~ barba, etc.)	tener (vt)	[te'ner]
trança (f)	trenza (f)	['trenθa]
suíças (f pl)	patillas (f pl)	[pa'tijas]
ruivo (adj)	pelirrojo (adj)	[peli'roχo]
grisalho (adj)	gris, canoso (adj)	[gris], [ka'noso]
careca (adj)	calvo (adj)	['kalʲβo]
calva (f)	calva (f)	['kalʲβa]
rabo-de-cavalo (m)	cola (f) de caballo	['kolʲa de ka'βajo]
franja (f)	flequillo (m)	[fle'kijo]

29. Corpo humano

mão (f)	mano (f)	['mano]
braço (m)	brazo (m)	['braθo]
dedo (m)	dedo (m)	['deðo]
dedo (m) do pé	dedo (m) del pie	['deðo delʲ pje]
polegar (m)	dedo (m) pulgar	['deðo pulʲ'gar]
dedo (m) mindinho	dedo (m) meñique	['deðo me'njike]
unha (f)	uña (f)	['unja]
punho (m)	puño (m)	['punjo]
palma (f)	palma (f)	['palʲma]
pulso (m)	muñeca (f)	[mu'njeka]
antebraço (m)	antebrazo (m)	[ante·'βraθo]
cotovelo (m)	codo (m)	['koðo]
ombro (m)	hombro (m)	['ombro]
perna (f)	pierna (f)	['pjerna]
pé (m)	planta (f)	['plʲanta]
joelho (m)	rodilla (f)	[ro'ðija]
panturrilha (f)	pantorrilla (f)	[panto'rija]
quadril (m)	cadera (f)	[ka'ðera]
calcanhar (m)	talón (m)	[ta'lʲon]
corpo (m)	cuerpo (m)	[ku'erpo]
barriga (f), ventre (m)	vientre (m)	['bjentre]
peito (m)	pecho (m)	['petʃo]
seio (m)	seno (m)	['seno]
lado (m)	lado (m), costado (m)	['lʲaðo], [kos'taðo]
costas (dorso)	espalda (f)	[es'palʲda]
região (f) lombar	zona (f) lumbar	['θona lʲum'bar]
cintura (f)	cintura (f), talle (m)	[θin'tura], ['taje]
umbigo (m)	ombligo (m)	[om'bligo]
nádegas (f pl)	nalgas (f pl)	['nalʲgas]
traseiro (m)	trasero (m)	[tra'sero]
sinal (m), pinta (f)	lunar (m)	[lʲu'nar]
sinal (m) de nascença	marca (f) de nacimiento	['marka de naθi'mjento]
tatuagem (f)	tatuaje (m)	[tatu'aχe]
cicatriz (f)	cicatriz (f)	[sika'triθ]

Vestuário & Acessórios

30. Roupa exterior. Casacos

roupa (f)	ropa (f)	['ropa]
roupa (f) exterior	ropa (f) de calle	['ropa de 'kaje]
roupa (f) de inverno	ropa (f) de invierno	['ropa de im'bjerno]
sobretudo (m)	abrigo (m)	[a'βrigo]
casaco (m) de pele	abrigo (m) de piel	[a'βrigo de pjelʲ]
jaqueta (f) de pele	abrigo (m) corto de piel	[a'βrigo 'korto de pjelʲ]
casaco (m) acolchoado	chaqueta (f) plumón	[ʧa'keta plʲu'mon]
casaco (m), jaqueta (f)	cazadora (f)	[kaθa'ðora]
impermeável (m)	impermeable (m)	[imperme'aβle]
a prova d'água	impermeable (adj)	[imperme'aβle]

31. Vestuário de homem & mulher

camisa (f)	camisa (f)	[ka'misa]
calça (f)	pantalones (m pl)	[panta'lʲones]
jeans (m)	vaqueros (m pl)	[ba'keros]
paletó, terno (m)	chaqueta (f), saco (m)	[ʧa'keta], ['sako]
terno (m)	traje (m)	['traχe]
vestido (ex. ~ de noiva)	vestido (m)	[bes'tiðo]
saia (f)	falda (f)	['falʲda]
blusa (f)	blusa (f)	['blʲusa]
casaco (m) de malha	rebeca (f),	[re'βeka],
	chaqueta (f) de punto	[ʧa'keta de 'punto]
casaco, blazer (m)	chaqueta (f)	[ʧa'keta]
camiseta (f)	camiseta (f)	[kami'seta]
short (m)	pantalones (m pl) cortos	[panta'lʲones 'kortos]
training (m)	traje (m) deportivo	['traχe depor'tiβo]
roupão (m) de banho	bata (f) de baño	['bata de 'banjo]
pijama (m)	pijama (m)	[pi'χama]
suéter (m)	suéter (m)	[su'eter]
pulôver (m)	pulóver (m)	[pu'lʲoβer]
colete (m)	chaleco (m)	[ʧa'leko]
fraque (m)	frac (m)	[frak]
smoking (m)	esmoquin (m)	[es'mokin]
uniforme (m)	uniforme (m)	[uni'forme]
roupa (f) de trabalho	ropa (f) de trabajo	['ropa de tra'βaχo]
macacão (m)	mono (m)	['mono]
jaleco (m), bata (f)	bata (f)	['bata]

32. Vestuário. Roupa interior

roupa (f) íntima	ropa (f) interior	['ropa inte'rjor]
cueca boxer (f)	bóxer (m)	['bokser]
calcinha (f)	bragas (f pl)	['bragas]
camiseta (f)	camiseta (f) interior	[kami'θeta inte'rjor]
meias (f pl)	calcetines (m pl)	[kalˡθe'tines]
camisola (f)	camisón (m)	[kami'son]
sutiã (m)	sostén (m)	[sos'ten]
meias longas (f pl)	calcetines (m pl) altos	[kalˡθe'tines 'alˡtos]
meias-calças (f pl)	pantimedias (f pl)	[panti'meðias]
meias (~ de nylon)	medias (f pl)	['meðias]
maiô (m)	traje (m) de baño	['traχe de 'banjo]

33. Adereços de cabeça

chapéu (m), touca (f)	gorro (m)	['goro]
chapéu (m) de feltro	sombrero (m)	[som'brero]
boné (m) de beisebol	gorra (f) de béisbol	['gora de 'bejsβolˡ]
boina (~ italiana)	gorra (f) plana	['gora 'plˡana]
boina (ex. ~ basca)	boina (f)	['bojna]
capuz (m)	capuchón (m)	[kapu'ʧon]
chapéu panamá (m)	panamá (m)	[pana'ma]
touca (f)	gorro (m) de punto	['goro de 'punto]
lenço (m)	pañuelo (m)	[panju'elˡo]
chapéu (m) feminino	sombrero (m) de mujer	[som'brero de mu'χer]
capacete (m) de proteção	casco (m)	['kasko]
bibico (m)	gorro (m) de campaña	['goro de kam'panja]
capacete (m)	casco (m)	['kasko]
chapéu-coco (m)	bombín (m)	[bom'bin]
cartola (f)	sombrero (m) de copa	[som'brero de 'kopa]

34. Calçado

calçado (m)	calzado (m)	[kalˡ'θaðo]
botinas (f pl), sapatos (m pl)	botas (f pl)	['botas]
sapatos (de salto alto, etc.)	zapatos (m pl)	[θa'patos]
botas (f pl)	botas (f pl)	['botas]
pantufas (f pl)	zapatillas (f pl)	[θapa'tijas]
tênis (~ Nike, etc.)	tenis (m pl)	['tenis]
tênis (~ Converse)	zapatillas (f pl) de lona	[θapa'tijas de 'lˡona]
sandálias (f pl)	sandalias (f pl)	[san'daljas]
sapateiro (m)	zapatero (m)	[θapa'tero]
salto (m)	tacón (m)	[ta'kon]

par (m)	par (m)	[par]
cadarço (m)	cordón (m)	[kor'ðon]
amarrar os cadarços	encordonar (vt)	[eŋkorðo'nar]
calçadeira (f)	calzador (m)	[kalʲθa'ðor]
graxa (f) para calçado	betún (m)	[be'tun]

35. Têxtil. Tecidos

algodão (m)	algodón (m)	[alʲgo'ðon]
de algodão	de algodón (adj)	[de alʲgo'ðon]
linho (m)	lino (m)	['lino]
de linho	de lino (adj)	[de 'lino]

seda (f)	seda (f)	['seða]
de seda	de seda (adj)	[de 'seða]
lã (f)	lana (f)	['lʲana]
de lã	de lana (adj)	[de 'lʲana]

veludo (m)	terciopelo (m)	[terθjo'pelʲo]
camurça (f)	gamuza (f)	[ga'muθa]
veludo (m) cotelê	pana (f)	['pana]

nylon (m)	nilón (m)	[ni'lʲon]
de nylon	de nilón (adj)	[de ni'lʲon]
poliéster (m)	poliéster (m)	[po'ljester]
de poliéster	de poliéster (adj)	[de po'ljester]

couro (m)	piel (f)	[pjelʲ]
de couro	de piel	[de 'pjelʲ]
pele (f)	piel (f)	[pjelʲ]
de pele	de piel (adj)	[de 'pjelʲ]

36. Acessórios pessoais

luva (f)	guantes (m pl)	[gu'antes]
mitenes (f pl)	manoplas (f pl)	[ma'noplʲas]
cachecol (m)	bufanda (f)	[bu'fanda]

óculos (m pl)	gafas (f pl)	['gafas]
armação (f)	montura (f)	[mon'tura]
guarda-chuva (m)	paraguas (m)	[pa'raguas]
bengala (f)	bastón (m)	[bas'ton]
escova (f) para o cabelo	cepillo (m) de pelo	[θe'pijo de 'pelʲo]
leque (m)	abanico (m)	[aβa'niko]

gravata (f)	corbata (f)	[kor'βata]
gravata-borboleta (f)	pajarita (f)	[paχa'rita]
suspensórios (m pl)	tirantes (m pl)	[ti'rantes]
lenço (m)	moquero (m)	[mo'kero]

pente (m)	peine (m)	['pejne]
fivela (f) para cabelo	pasador (m) de pelo	[pasa'ðor de 'pelʲo]

| grampo (m) | horquilla (f) | [or'kija] |
| fivela (f) | hebilla (f) | [e'βija] |

| cinto (m) | cinturón (m) | [θintu'ron] |
| alça (f) de ombro | correa (f) | [ko'rea] |

bolsa (f)	bolsa (f)	['bolʲsa]
bolsa (feminina)	bolso (m)	['bolʲso]
mochila (f)	mochila (f)	[mo'ʧilʲa]

37. Vestuário. Diversos

moda (f)	moda (f)	['moða]
na moda (adj)	de moda (adj)	[de 'moða]
estilista (m)	diseñador (m) de moda	[disenja'ðor de 'moða]

colarinho (m)	cuello (m)	[ku'ejo]
bolso (m)	bolsillo (m)	[bolʲ'sijo]
de bolso	de bolsillo (adj)	[de bolʲ'sijo]
manga (f)	manga (f)	['manga]
ganchinho (m)	presilla (f)	[pre'sija]
bragueta (f)	bragueta (f)	[bra'geta]

zíper (m)	cremallera (f)	[krema'jera]
colchete (m)	cierre (m)	['θjere]
botão (m)	botón (m)	[bo'ton]
botoeira (casa de botão)	ojal (m)	[o'χalʲ]
soltar-se (vr)	saltar (vi)	[salʲ'tar]

costurar (vi)	coser (vi, vt)	[ko'ser]
bordar (vt)	bordar (vt)	[bor'ðar]
bordado (m)	bordado (m)	[bor'ðaðo]
agulha (f)	aguja (f)	[a'guχa]
fio, linha (f)	hilo (m)	['ilʲo]
costura (f)	costura (f)	[kos'tura]

sujar-se (vr)	ensuciarse (vr)	[ensu'θjarse]
mancha (f)	mancha (f)	['manʧa]
amarrotar-se (vr)	arrugarse (vr)	[aru'garse]
rasgar (vt)	rasgar (vt)	[ras'gar]
traça (f)	polilla (f)	[po'lija]

38. Cuidados pessoais. Cosméticos

pasta (f) de dente	pasta (f) de dientes	['pasta de 'djentes]
escova (f) de dente	cepillo (m) de dientes	[θe'pijo de 'djentes]
escovar os dentes	limpiarse los dientes	[lim'pjarse los 'djentes]

gilete (f)	maquinilla (f) de afeitar	[maki'nija de afej'tar]
creme (m) de barbear	crema (f) de afeitar	['krema de afej'tar]
barbear-se (vr)	afeitarse (vr)	[afej'tarse]
sabonete (m)	jabón (m)	[χa'βon]

xampu (m)	champú (m)	[ʧam'pu]
tesoura (f)	tijeras (f pl)	[ti'xeras]
lixa (f) de unhas	lima (f) de uñas	['lima de 'unjas]
corta-unhas (m)	cortaúñas (m pl)	[korta·'unjas]
pinça (f)	pinzas (f pl)	['pinθas]

cosméticos (m pl)	cosméticos (m pl)	[kos'metikos]
máscara (f)	mascarilla (f)	[maska'rija]
manicure (f)	manicura (f)	[mani'kura]
fazer as unhas	hacer la manicura	[a'θer lʲa mani'kura]
pedicure (f)	pedicura (f)	[peði'kura]

bolsa (f) de maquiagem	bolsa (f) de maquillaje	['bolʲsa de maki'jaχe]
pó (de arroz)	polvos (m pl)	['polʲβos]
pó (m) compacto	polvera (f)	[polʲ'βera]
blush (m)	colorete (m)	[kolʲo'rete]

perfume (m)	perfume (m)	[per'fume]
água-de-colônia (f)	agua (f) de tocador	['agua de [toka'ðor]
loção (f)	loción (f)	[lʲo'θjon]
colônia (f)	agua (f) de Colonia	['agua de ko'lʲonia]

sombra (f) de olhos	sombra (f) de ojos	['sombra de 'oχos]
delineador (m)	lápiz (m) de ojos	['lʲapiθ de 'oχos]
máscara (f), rímel (m)	rímel (m)	['rimelʲ]

batom (m)	pintalabios (m)	[pinta·'lʲaβios]
esmalte (m)	esmalte (m) de uñas	[es'malʲte de 'unjas]
laquê (m), spray fixador (m)	fijador (m)	[fiχa'ðor]
desodorante (m)	desodorante (m)	[desoðo'rante]

creme (m)	crema (f)	['krema]
creme (m) de rosto	crema (f) de belleza	['krema de be'jeθa]
creme (m) de mãos	crema (f) de manos	['krema de 'manos]
creme (m) antirrugas	crema (f) antiarrugas	['krema anti·a'rugas]
creme (m) de dia	crema (f) de día	['krema de 'dia]
creme (m) de noite	crema (f) de noche	['krema de 'noʧe]
de dia	de día (adj)	[de 'dia]
da noite	de noche (adj)	[de 'noʧe]

absorvente (m) interno	tampón (m)	[tam'pon]
papel (m) higiênico	papel (m) higiénico	[pa'pelʲ i'χjeniko]
secador (m) de cabelo	secador (m) de pelo	[seka'ðor de 'pelʲo]

39. Joalheria

joias (f pl)	joyas (f pl)	['χojas]
precioso (adj)	precioso (adj)	[pre'θjoso]
marca (f) de contraste	contraste (m)	[kon'traste]

anel (m)	anillo (m)	[a'nijo]
aliança (f)	anillo (m) de boda	[a'nijo de 'boða]
pulseira (f)	pulsera (f)	[pulʲ'sera]
brincos (m pl)	pendientes (m pl)	[pen'djentes]

colar (m)	collar (m)	[ko'jar]
coroa (f)	corona (f)	[ko'rona]
colar (m) de contas	collar (m) de abalorios	[ko'jar de aβa'lʲorjos]
diamante (m)	diamante (m)	[dia'mante]
esmeralda (f)	esmeralda (f)	[esme'ralʲda]
rubi (m)	rubí (m)	[ru'βi]
safira (f)	zafiro (m)	[θa'firo]
pérola (f)	perla (f)	['perlʲa]
âmbar (m)	ámbar (m)	['ambar]

40. Relógios de pulso. Relógios

relógio (m) de pulso	reloj (m)	[re'lʲoχ]
mostrador (m)	esfera (f)	[es'fera]
ponteiro (m)	aguja (f)	[a'guχa]
bracelete (em aço)	pulsera (f)	[pulʲ'sera]
bracelete (em couro)	correa (f)	[ko'rea]
pilha (f)	pila (f)	['pilʲa]
acabar (vi)	descargarse (vr)	[deskar'garse]
trocar a pilha	cambiar la pila	[kam'bjar lʲa 'pilʲa]
estar adiantado	adelantarse (vr)	[aðelʲan'tarθe]
estar atrasado	retrasarse (vr)	[retra'sarse]
relógio (m) de parede	reloj (m) de pared	[re'lʲoχ de pa'reð]
ampulheta (f)	reloj (m) de arena	[re'lʲoχ de a'rena]
relógio (m) de sol	reloj (m) de sol	[re'lʲoχ de 'solʲ]
despertador (m)	despertador (m)	[desperta'ðor]
relojoeiro (m)	relojero (m)	[relʲo'χero]
reparar (vt)	reparar (vt)	[repa'rar]

Alimentação. Nutrição

41. Comida

carne (f)	carne (f)	['karne]
galinha (f)	gallina (f)	[ga'jina]
frango (m)	pollo (m)	['pojo]
pato (m)	pato (m)	['pato]
ganso (m)	ganso (m)	['ganso]
caça (f)	caza (f) menor	['kaθa me'nor]
peru (m)	pava (f)	['paβa]
carne (f) de porco	carne (f) de cerdo	['karne de 'θerðo]
carne (f) de vitela	carne (f) de ternera	['karne de ter'nera]
carne (f) de carneiro	carne (f) de carnero	['karne de kar'nero]
carne (f) de vaca	carne (f) de vaca	['karne de 'baka]
carne (f) de coelho	conejo (m)	[ko'neχo]
linguiça (f), salsichão (m)	salchichón (m)	[salʲ'ʧi'ʧon]
salsicha (f)	salchicha (f)	[salʲ'ʧiʧa]
bacon (m)	beicon (m)	['bejkon]
presunto (m)	jamón (m)	[χa'mon]
pernil (m) de porco	jamón (m) fresco	[χa'mon 'fresko]
patê (m)	paté (m)	[pa'te]
fígado (m)	hígado (m)	['igaðo]
guisado (m)	carne (f) picada	['karne pi'kaða]
língua (f)	lengua (f)	['lengua]
ovo (m)	huevo (m)	[u'eβo]
ovos (m pl)	huevos (m pl)	[u'eβos]
clara (f) de ovo	clara (f)	['klʲara]
gema (f) de ovo	yema (f)	['jema]
peixe (m)	pescado (m)	[pes'kaðo]
mariscos (m pl)	mariscos (m pl)	[ma'riskos]
crustáceos (m pl)	crustáceos (m pl)	[krus'taθeos]
caviar (m)	caviar (m)	[ka'βjar]
caranguejo (m)	cangrejo (m) de mar	[kan'greχo de 'mar]
camarão (m)	camarón (m)	[kama'ron]
ostra (f)	ostra (f)	['ostra]
lagosta (f)	langosta (f)	[lʲan'gosta]
polvo (m)	pulpo (m)	['pulʲpo]
lula (f)	calamar (m)	[kalʲa'mar]
esturjão (m)	esturión (m)	[estu'rjon]
salmão (m)	salmón (m)	[salʲ'mon]
halibute (m)	fletán (m)	[fle'tan]
bacalhau (m)	bacalao (m)	[baka'lʲao]

cavala, sarda (f)	caballa (f)	[ka'βaja]
atum (m)	atún (m)	[a'tun]
enguia (f)	anguila (f)	[an'gi|ᵃa]

truta (f)	trucha (f)	['trutʃa]
sardinha (f)	sardina (f)	[sar'ðina]
lúcio (m)	lucio (m)	['lʲuθio]
arenque (m)	arenque (m)	[a'reŋke]

pão (m)	pan (m)	[pan]
queijo (m)	queso (m)	['keso]
açúcar (m)	azúcar (m)	[a'θukar]
sal (m)	sal (f)	[salʲ]

arroz (m)	arroz (m)	[a'roθ]
massas (f pl)	macarrones (m pl)	[maka'rones]
talharim, miojo (m)	tallarines (m pl)	[taja'rines]

manteiga (f)	mantequilla (f)	[mante'kija]
óleo (m) vegetal	aceite (m) vegetal	[a'θejte beχe'talʲ]
óleo (m) de girassol	aceite (m) de girasol	[a'θejte de χira'solʲ]
margarina (f)	margarina (f)	[marga'rina]

| azeitonas (f pl) | olivas, aceitunas (f pl) | [o'liβas], [aθei'tunas] |
| azeite (m) | aceite (m) de oliva | [a'θejte de o'liβa] |

leite (m)	leche (f)	['letʃe]
leite (m) condensado	leche (f) condensada	['letʃe konden'saða]
iogurte (m)	yogur (m)	[jo'gur]
creme (m) azedo	nata (f) agria	['nata 'aɣria]
creme (m) de leite	nata (f) líquida	['nata 'likiða]

| maionese (f) | mayonesa (f) | [majo'nesa] |
| creme (m) | crema (f) de mantequilla | ['krema de mante'kija] |

grãos (m pl) de cereais	cereales (m pl) integrales	[θere'ales inte'ɣrales]
farinha (f)	harina (f)	[a'rina]
enlatados (m pl)	conservas (f pl)	[kon'serβas]

flocos (m pl) de milho	copos (m pl) de maíz	['kopos de ma'iθ]
mel (m)	miel (f)	[mjelʲ]
geleia (m)	confitura (f)	[koɱfi'tura]
chiclete (m)	chicle (m)	['tʃikle]

42. Bebidas

água (f)	agua (f)	['agua]
água (f) potável	agua (f) potable	['agua po'taβle]
água (f) mineral	agua (f) mineral	['agua mine'ralʲ]

sem gás (adj)	sin gas	[sin 'gas]
gaseificada (adj)	gaseoso (adj)	[gase'oso]
com gás	con gas	[kon 'gas]
gelo (m)	hielo (m)	['jelʲo]

com gelo	con hielo	[kon 'jelʲo]
não alcoólico (adj)	sin alcohol	[sin alʲko'olʲ]
refrigerante (m)	bebida (f) sin alcohol	[be'βiða sin alʲko'olʲ]
refresco (m)	refresco (m)	[re'fresko]
limonada (f)	limonada (f)	[limo'naða]

bebidas (f pl) alcoólicas	bebidas (f pl) alcohólicas	[be'βiðas alʲko'olikas]
vinho (m)	vino (m)	['bino]
vinho (m) branco	vino (m) blanco	['bino 'blʲaŋko]
vinho (m) tinto	vino (m) tinto	['bino 'tinto]

licor (m)	licor (m)	[li'kor]
champanhe (m)	champaña (f)	[ʧam'panja]
vermute (m)	vermú (m)	[ber'mu]

uísque (m)	whisky (m)	['wiski]
vodca (f)	vodka (m)	['boðka]
gim (m)	ginebra (f)	[ʝi'neβra]
conhaque (m)	coñac (m)	[ko'njak]
rum (m)	ron (m)	[ron]

café (m)	café (m)	[ka'fe]
café (m) preto	café (m) solo	[ka'fe 'solʲo]
café (m) com leite	café (m) con leche	[ka'fe kon 'leʧe]
cappuccino (m)	capuchino (m)	[kapu'ʧino]
café (m) solúvel	café (m) soluble	[ka'fe so'lʲuβle]

leite (m)	leche (f)	['leʧe]
coquetel (m)	cóctel (m)	['koktelʲ]
batida (f), milkshake (m)	batido (m)	[ba'tiðo]

suco (m)	zumo (m), jugo (m)	['θumo], ['χugo]
suco (m) de tomate	jugo (m) de tomate	['χugo de to'mate]
suco (m) de laranja	zumo (m) de naranja	['θumo de na'ranχa]
suco (m) fresco	zumo (m) fresco	['θumo 'fresko]

cerveja (f)	cerveza (f)	[θer'βeθa]
cerveja (f) clara	cerveza (f) rubia	[θer'βeθa 'ruβia]
cerveja (f) preta	cerveza (f) negra	[θer'βeθa 'neɣra]

chá (m)	té (m)	[te]
chá (m) preto	té (m) negro	['te 'neɣro]
chá (m) verde	té (m) verde	['te 'berðe]

43. Vegetais

| vegetais (m pl) | legumbres (f pl) | [le'gumbres] |
| verdura (f) | verduras (f pl) | [ber'ðuras] |

tomate (m)	tomate (m)	[to'mate]
pepino (m)	pepino (m)	[pe'pino]
cenoura (f)	zanahoria (f)	[θana'oria]
batata (f)	patata (f)	[pa'tata]
cebola (f)	cebolla (f)	[θe'βoja]

alho (m)	ajo (m)	['axo]
couve (f)	col (f)	[kolʲ]
couve-flor (f)	coliflor (f)	[koli'flʲor]
couve-de-bruxelas (f)	col (f) de Bruselas	[kolʲ de bru'selʲas]
brócolis (m pl)	brócoli (m)	['brokoli]

beterraba (f)	remolacha (f)	[remo'lʲatʃa]
berinjela (f)	berenjena (f)	[beren'xena]
abobrinha (f)	calabacín (m)	[kalʲaβa'θin]
abóbora (f)	calabaza (f)	[kalʲa'βaθa]
nabo (m)	nabo (m)	['naβo]

salsa (f)	perejil (m)	[pere'xilʲ]
endro, aneto (m)	eneldo (m)	[e'nelʲdo]
alface (f)	lechuga (f)	[le'tʃuga]
aipo (m)	apio (m)	['apio]
aspargo (m)	espárrago (m)	[es'parago]
espinafre (m)	espinaca (f)	[espi'naka]

ervilha (f)	guisante (m)	[gi'sante]
feijão (~ soja, etc.)	habas (f pl)	['aβas]
milho (m)	maíz (m)	[ma'iθ]
feijão (m) roxo	fréjol (m)	['frexolʲ]

pimentão (m)	pimiento (m) dulce	[pi'mjento 'dulʲθe]
rabanete (m)	rábano (m)	['raβano]
alcachofra (f)	alcachofa (f)	[alʲka'tʃofa]

44. Frutos. Nozes

fruta (f)	fruto (m)	['fruto]
maçã (f)	manzana (f)	[man'θana]
pera (f)	pera (f)	['pera]
limão (m)	limón (m)	[li'mon]
laranja (f)	naranja (f)	[na'ranxa]
morango (m)	fresa (f)	['fresa]

tangerina (f)	mandarina (f)	[manda'rina]
ameixa (f)	ciruela (f)	[θiru'elʲa]
pêssego (m)	melocotón (m)	[melʲoko'ton]
damasco (m)	albaricoque (m)	[alʲβari'koke]
framboesa (f)	frambuesa (f)	[frambu'esa]
abacaxi (m)	piña (f)	['pinja]

banana (f)	banana (f)	[ba'nana]
melancia (f)	sandía (f)	[san'dia]
uva (f)	uva (f)	['uβa]
ginja (f)	guinda (f)	['ginda]
cereja (f)	cereza (f)	[θe'reθa]
melão (m)	melón (m)	[me'lʲon]

toranja (f)	pomelo (m)	[po'melʲo]
abacate (m)	aguacate (m)	[agua'kate]
mamão (m)	papaya (f)	[pa'paja]

| manga (f) | mango (m) | ['mango] |
| romã (f) | granada (f) | [gra'naða] |

groselha (f) vermelha	grosella (f) roja	[gro'seja 'roχa]
groselha (f) negra	grosella (f) negra	[gro'seja 'neɣra]
groselha (f) espinhosa	grosella (f) espinosa	[gro'seja espi'nosa]
mirtilo (m)	arándano (m)	[a'randano]
amora (f) silvestre	zarzamoras (f pl)	[θarθa'moras]

passa (f)	pasas (f pl)	['pasas]
figo (m)	higo (m)	['igo]
tâmara (f)	dátil (m)	['datilʲ]

amendoim (m)	cacahuete (m)	[kakau'ete]
amêndoa (f)	almendra (f)	[alʲ'mendra]
noz (f)	nuez (f)	[nu'eθ]
avelã (f)	avellana (f)	[aβe'jana]
coco (m)	nuez (f) de coco	[nu'eθ de 'koko]
pistaches (m pl)	pistachos (m pl)	[pis'tatʃos]

45. Pão. Bolaria

pastelaria (f)	pasteles (m pl)	[pas'teles]
pão (m)	pan (m)	[pan]
biscoito (m), bolacha (f)	galletas (f pl)	[ga'jetas]

chocolate (m)	chocolate (m)	[tʃoko'lʲate]
de chocolate	de chocolate (adj)	[de tʃoko'lʲate]
bala (f)	caramelo (m)	[kara'melʲo]
doce (bolo pequeno)	mini tarta (f)	['mini 'tarta]
bolo (m) de aniversário	tarta (f)	['tarta]

| torta (f) | tarta (f) | ['tarta] |
| recheio (m) | relleno (m) | [re'jeno] |

geleia (m)	confitura (f)	[komfi'tura]
marmelada (f)	mermelada (f)	[merme'lʲaða]
wafers (m pl)	gofre (m)	['gofre]
sorvete (m)	helado (m)	[e'lʲaðo]
pudim (m)	pudin (m)	['puðin]

46. Pratos cozinhados

prato (m)	plato (m)	['plʲato]
cozinha (~ portuguesa)	cocina (f)	[ko'θina]
receita (f)	receta (f)	[re'θeta]
porção (f)	porción (f)	[por'θjon]

salada (f)	ensalada (f)	[ensa'lʲaða]
sopa (f)	sopa (f)	['sopa]
caldo (m)	caldo (m)	['kalʲdo]
sanduíche (m)	bocadillo (m)	[boka'ðijo]

ovos (m pl) fritos	huevos (m pl) fritos	[u'eβos 'fritos]
hambúrguer (m)	hamburguesa (f)	[ambur'gesa]
bife (m)	bistec (m)	[bis'tek]
acompanhamento (m)	guarnición (f)	[guarni'θjon]
espaguete (m)	espagueti (m)	[espa'geti]
purê (m) de batata	puré (m) de patatas	[pu're de pa'tatas]
pizza (f)	pizza (f)	['pitsa]
mingau (m)	gachas (f pl)	['gatʃas]
omelete (f)	tortilla (f) francesa	[tor'tija fran'θesa]
fervido (adj)	cocido en agua (adj)	[ko'θiðo en 'agua]
defumado (adj)	ahumado (adj)	[au'maðo]
frito (adj)	frito (adj)	['frito]
seco (adj)	seco (adj)	['seko]
congelado (adj)	congelado (adj)	[konχe'lʲaðo]
em conserva (adj)	marinado (adj)	[mari'naðo]
doce (adj)	azucarado, dulce (adj)	[aθuka'raðo], ['dulʲθe]
salgado (adj)	salado (adj)	[sa'lʲaðo]
frio (adj)	frío (adj)	['frio]
quente (adj)	caliente (adj)	[ka'ljente]
amargo (adj)	amargo (adj)	[a'margo]
gostoso (adj)	sabroso (adj)	[sa'βroso]
cozinhar em água fervente	cocer (vt) en agua	[ko'θer en 'agua]
preparar (vt)	preparar (vt)	[prepa'rar]
fritar (vt)	freír (vt)	[fre'ir]
aquecer (vt)	calentar (vt)	[kalen'tar]
salgar (vt)	salar (vt)	[sa'lʲar]
apimentar (vt)	poner pimienta	[po'ner pi'mjenta]
ralar (vt)	rallar (vt)	[ra'jar]
casca (f)	piel (f)	[pjelʲ]
descascar (vt)	pelar (vt)	[pe'lʲar]

47. Especiarias

sal (m)	sal (f)	[salʲ]
salgado (adj)	salado (adj)	[sa'lʲaðo]
salgar (vt)	salar (vt)	[sa'lʲar]
pimenta-do-reino (f)	pimienta (f) negra	[pi'mjenta 'neɣra]
pimenta (f) vermelha	pimienta (f) roja	[pi'mjenta 'roχa]
mostarda (f)	mostaza (f)	[mos'taθa]
raiz-forte (f)	rábano (m) picante	['raβano pi'kante]
condimento (m)	condimento (m)	[kondi'mento]
especiaria (f)	especia (f)	[es'peθia]
molho (~ inglês)	salsa (f)	['salʲsa]
vinagre (m)	vinagre (m)	[bi'naɣre]
anis estrelado (m)	anís (m)	[a'nis]
manjericão (m)	albahaca (f)	[alʲβa'aka]

49

cravo (m)	clavo (m)	['klʲaβo]
gengibre (m)	jengibre (m)	[xen'xiβre]
coentro (m)	cilantro (m)	[θi'lʲantro]
canela (f)	canela (f)	[ka'nelʲa]
gergelim (m)	sésamo (m)	['sesamo]
folha (f) de louro	hoja (f) de laurel	['oχa de lʲau'relʲ]
páprica (f)	paprika (f)	[pap'rika]
cominho (m)	comino (m)	[ko'mino]
açafrão (m)	azafrán (m)	[aθa'fran]

48. Refeições

comida (f)	comida (f)	[ko'miða]
comer (vt)	comer (vi, vt)	[ko'mer]
café (m) da manhã	desayuno (m)	[desa'juno]
tomar café da manhã	desayunar (vi)	[desaju'nar]
almoço (m)	almuerzo (m)	[alʲmu'erθo]
almoçar (vi)	almorzar (vi)	[alʲmor'θar]
jantar (m)	cena (f)	['θena]
jantar (vi)	cenar (vi)	[θe'nar]
apetite (m)	apetito (m)	[ape'tito]
Bom apetite!	¡Que aproveche!	[ke apro'βetʃe]
abrir (~ uma lata, etc.)	abrir (vt)	[a'βrir]
derramar (~ líquido)	derramar (vt)	[dera'mar]
derramar-se (vr)	derramarse (vr)	[dera'marse]
ferver (vi)	hervir (vi)	[er'βir]
ferver (vt)	hervir (vt)	[er'βir]
fervido (adj)	hervido (adj)	[er'βiðo]
esfriar (vt)	enfriar (vt)	[eɱfri'ar]
esfriar-se (vr)	enfriarse (vr)	[eɱfri'arse]
sabor, gosto (m)	sabor (m)	[sa'βor]
fim (m) de boca	regusto (m)	[re'gusto]
emagrecer (vi)	adelgazar (vi)	[aðelʲga'θar]
dieta (f)	dieta (f)	[di'eta]
vitamina (f)	vitamina (f)	[bita'mina]
caloria (f)	caloría (f)	[kalʲo'ria]
vegetariano (m)	vegetariano (m)	[beχeta'rjano]
vegetariano (adj)	vegetariano (adj)	[beχeta'rjano]
gorduras (f pl)	grasas (f pl)	['grasas]
proteínas (f pl)	proteínas (f pl)	[prote'inas]
carboidratos (m pl)	carbohidratos (m pl)	[karβoi'ðratos]
fatia (~ de limão, etc.)	loncha (f)	['lʲontʃa]
pedaço (~ de bolo)	pedazo (m)	[pe'ðaθo]
migalha (f), farelo (m)	miga (f)	['miga]

49. Por a mesa

colher (f)	cuchara (f)	[ku'tʃara]
faca (f)	cuchillo (m)	[ku'tʃijo]
garfo (m)	tenedor (m)	[tene'ðor]
xícara (f)	taza (f)	['taθa]
prato (m)	plato (m)	['plʲato]
pires (m)	platillo (m)	[plʲa'tijo]
guardanapo (m)	servilleta (f)	[serβi'jeta]
palito (m)	mondadientes (m)	[monda'ðjentes]

50. Restaurante

restaurante (m)	restaurante (m)	[restau'rante]
cafeteria (f)	cafetería (f)	[kafete'ria]
bar (m), cervejaria (f)	bar (m)	[bar]
salão (m) de chá	salón (m) de té	[sa'lʲon de 'te]
garçom (m)	camarero (m)	[kama'rero]
garçonete (f)	camarera (f)	[kama'rera]
barman (m)	barman (m)	['barman]
cardápio (m)	carta (f), menú (m)	['karta], [me'nu]
lista (f) de vinhos	carta (f) de vinos	['karta de 'binos]
reservar uma mesa	reservar una mesa	[reser'βar 'una 'mesa]
prato (m)	plato (m)	['plʲato]
pedir (vt)	pedir (vt)	[pe'ðir]
fazer o pedido	hacer un pedido	[a'θer un pe'ðiðo]
aperitivo (m)	aperitivo (m)	[aperi'tiβo]
entrada (f)	entremés (m)	[entre'mes]
sobremesa (f)	postre (m)	['postre]
conta (f)	cuenta (f)	[ku'enta]
pagar a conta	pagar la cuenta	[pa'gar lʲa ku'enta]
dar o troco	dar la vuelta	['dar lʲa bu'elta]
gorjeta (f)	propina (f)	[pro'pina]

Família, parentes e amigos

51. Informação pessoal. Formulários

nome (m)	nombre (m)	['nombre]
sobrenome (m)	apellido (m)	[ape'jiðo]
data (f) de nascimento	fecha (f) de nacimiento	['fetʃa de naθi'mjento]
local (m) de nascimento	lugar (m) de nacimiento	[lʲu'gar de naθi'mjento]
nacionalidade (f)	nacionalidad (f)	[naθjonali'ðað]
lugar (m) de residência	domicilio (m)	[domi'θilio]
país (m)	país (m)	[pa'is]
profissão (f)	profesión (f)	[profe'sjon]
sexo (m)	sexo (m)	['sekso]
estatura (f)	estatura (f)	[esta'tura]
peso (m)	peso (m)	['peso]

52. Membros da família. Parentes

mãe (f)	madre (f)	['maðre]
pai (m)	padre (m)	['paðre]
filho (m)	hijo (m)	['iχo]
filha (f)	hija (f)	['iχa]
caçula (f)	hija (f) menor	['iχa me'nor]
caçula (m)	hijo (m) menor	['iχo me'nor]
filha (f) mais velha	hija (f) mayor	['iχa ma'jor]
filho (m) mais velho	hijo (m) mayor	['iχo ma'jor]
irmão (m)	hermano (m)	[er'mano]
irmão (m) mais velho	hermano (m) mayor	[er'mano ma'jor]
irmão (m) mais novo	hermano (m) menor	[er'mano me'nor]
irmã (f)	hermana (f)	[er'mana]
irmã (f) mais velha	hermana (f) mayor	[er'mana ma'jor]
irmã (f) mais nova	hermana (f) menor	[er'mana me'nor]
primo (m)	primo (m)	['primo]
prima (f)	prima (f)	['prima]
mamãe (f)	mamá (f)	[ma'ma]
papai (m)	papá (m)	[pa'pa]
pais (pl)	padres (pl)	['paðres]
criança (f)	niño (m), niña (f)	['ninjo], ['ninja]
crianças (f pl)	niños (pl)	['ninjos]
avó (f)	abuela (f)	[aβu'elʲa]
avô (m)	abuelo (m)	[aβu'elʲo]
neto (m)	nieto (m)	['njeto]

| neta (f) | nieta (f) | ['njeta] |
| netos (pl) | nietos (pl) | ['njetos] |

tio (m)	tío (m)	['tio]
tia (f)	tía (f)	['tia]
sobrinho (m)	sobrino (m)	[so'βrino]
sobrinha (f)	sobrina (f)	[so'βrina]

sogra (f)	suegra (f)	[su'eɣra]
sogro (m)	suegro (m)	[su'eɣro]
genro (m)	yerno (m)	['jerno]
madrasta (f)	madrastra (f)	[ma'ðrastra]
padrasto (m)	padrastro (m)	[pa'ðrastro]

criança (f) de colo	niño (m) de pecho	['ninjo de 'petʃo]
bebê (m)	bebé (m)	[be'βe]
menino (m)	chico (m)	['tʃiko]

mulher (f)	mujer (f)	[mu'χer]
marido (m)	marido (m)	[ma'riðo]
esposo (m)	esposo (m)	[es'poso]
esposa (f)	esposa (f)	[es'posa]

casado (adj)	casado (adj)	[ka'saðo]
casada (adj)	casada (adj)	[ka'saða]
solteiro (adj)	soltero (adj)	[soli'tero]
solteirão (m)	soltero (m)	[soli'tero]
divorciado (adj)	divorciado (adj)	[diβor'θjaðo]
viúva (f)	viuda (f)	['bjuða]
viúvo (m)	viudo (m)	['bjuðo]

parente (m)	pariente (m)	[pa'rjente]
parente (m) próximo	pariente (m) cercano	[pa'rjente θer'kano]
parente (m) distante	pariente (m) lejano	[pa'rjente le'χano]
parentes (m pl)	parientes (pl)	[pa'rjentes]

órfão (m)	huérfano (m)	[u'erfano]
órfã (f)	huérfana (f)	[u'erfana]
tutor (m)	tutor (m)	[tu'tor]
adotar (um filho)	adoptar, ahijar (vt)	[aðop'tar], [ai'χar]
adotar (uma filha)	adoptar, ahijar (vt)	[aðop'tar], [ai'χar]

53. Amigos. Colegas de trabalho

amigo (m)	amigo (m)	[a'migo]
amiga (f)	amiga (f)	[a'miga]
amizade (f)	amistad (f)	[amis'tað]
ser amigos	ser amigo	[ser a'migo]

amigo (m)	amigote (m)	[ami'gote]
amiga (f)	amiguete (f)	[ami'gete]
parceiro (m)	compañero (m)	[kompa'njero]
chefe (m)	jefe (m)	['χefe]
superior (m)	superior (m)	[supe'rjor]

proprietário (m)	propietario (m)	[propje'tario]
subordinado (m)	subordinado (m)	[suβorði'naðo]
colega (m, f)	colega (m, f)	[ko'lega]

conhecido (m)	conocido (m)	[kono'θiðo]
companheiro (m) de viagem	compañero (m) de viaje	[kompa'njero de 'bjaχe]
colega (m) de classe	condiscípulo (m)	[kondi'θipulʲo]

vizinho (m)	vecino (m)	[be'θino]
vizinha (f)	vecina (f)	[be'θina]
vizinhos (pl)	vecinos (pl)	[be'θinos]

54. Homem. Mulher

mulher (f)	mujer (f)	[mu'χer]
menina (f)	muchacha (f)	[mu'ʧaʧa]
noiva (f)	novia (f)	['noβia]

bonita, bela (adj)	guapa (adj)	[gu'apa]
alta (adj)	alta (adj)	['alʲta]
esbelta (adj)	esbelta (adj)	[es'βelʲta]
baixa (adj)	de estatura mediana	[de esta'tura me'ðjana]

loira (f)	rubia (f)	['ruβia]
morena (f)	morena (f)	[mo'rena]

de senhora	de señora (adj)	[de se'njora]
virgem (f)	virgen (f)	['birχen]
grávida (adj)	embarazada (adj)	[embara'θaða]

homem (m)	hombre (m)	['ombre]
loiro (m)	rubio (m)	['ruβio]
moreno (m)	moreno (m)	[mo'reno]
alto (adj)	alto (adj)	['alʲto]
baixo (adj)	de estatura mediana	[de esta'tura me'ðjana]

rude (adj)	grosero (adj)	[gro'sero]
atarracado (adj)	rechoncho (adj)	[re'ʧonʧo]
robusto (adj)	robusto (adj)	[ro'βusto]
forte (adj)	fuerte (adj)	[fu'erte]
força (f)	fuerza (f)	[fu'erθa]

gordo (adj)	gordo (adj)	['gorðo]
moreno (adj)	moreno (adj)	[mo'reno]
esbelto (adj)	esbelto (adj)	[es'βelʲto]
elegante (adj)	elegante (adj)	[ele'gante]

55. Idade

idade (f)	edad (f)	[e'ðað]
juventude (f)	juventud (f)	[χuβen'tuð]
jovem (adj)	joven (adj)	['χoβen]

| mais novo (adj) | menor (adj) | [me'nor] |
| mais velho (adj) | mayor (adj) | [ma'jor] |

jovem (m)	joven (m)	['χoβen]
adolescente (m)	adolescente (m)	[aðole'θente]
rapaz (m)	muchacho (m)	[mu'ʧaʧo]

| velho (m) | anciano (m) | [an'θjano] |
| velha (f) | anciana (f) | [an'θjana] |

adulto	adulto	[a'ðulˡto]
de meia-idade	de edad media (adj)	[de e'ðað 'meðia]
idoso, de idade (adj)	anciano, mayor (adj)	[an'θjano], [ma'jor]
velho (adj)	viejo (adj)	['bjeχo]

aposentadoria (f)	jubilación (f)	[χuβilˡa'θjon]
aposentar-se (vr)	jubilarse (vr)	[χuβi'lˡarse]
aposentado (m)	jubilado (m)	[χuβi'lˡaðo]

56. Crianças

criança (f)	niño (m), niña (f)	['ninjo], ['ninja]
crianças (f pl)	niños (pl)	['ninjos]
gêmeos (m pl), gêmeas (f pl)	gemelos (pl)	[χe'melˡos]

berço (m)	cuna (f)	['kuna]
chocalho (m)	sonajero (m)	[sona'χero]
fralda (f)	pañal (m)	[pa'njalˡ]

chupeta (f), bico (m)	chupete (m)	[ʧu'pete]
carrinho (m) de bebê	cochecito (m)	[kotʃe'θito]
jardim (m) de infância	jardín (m) de infancia	[χar'ðin de iɲ'fanθia]
babysitter, babá (f)	niñera (f)	[ni'njera]

infância (f)	infancia (f)	[iɲ'fanθia]
boneca (f)	muñeca (f)	[mu'njeka]
brinquedo (m)	juguete (m)	[χu'gete]
jogo (m) de montar	mecano (m)	[me'kano]

bem-educado (adj)	bien criado (adj)	[bjen kri'aðo]
malcriado (adj)	mal criado (adj)	[malˡ kri'aðo]
mimado (adj)	mimado (adj)	[mi'maðo]

ser travesso	hacer travesuras	[a'θer traβe'suras]
travesso, traquinas (adj)	travieso (adj)	[tra'βjeso]
travessura (f)	travesura (f)	[traβe'sura]
criança (f) travessa	travieso (m)	[tra'βjeso]

| obediente (adj) | obediente (adj) | [oβe'ðjente] |
| desobediente (adj) | desobediente (adj) | [desoβe'ðjente] |

dócil (adj)	dócil (adj)	['doθilˡ]
inteligente (adj)	inteligente (adj)	[inteli'χente]
prodígio (m)	niño (m) prodigio	['ninjo pro'ðiχio]

57. Casais. Vida de família

beijar (vt)	besar (vt)	[be'sar]
beijar-se (vr)	besarse (vr)	[be'sarse]
família (f)	familia (f)	[fa'milia]
familiar (vida ~)	familiar (adj)	[fami'ljar]
casal (m)	pareja (f)	[pa'reχa]
matrimônio (m)	matrimonio (m)	[matri'monio]
lar (m)	hogar (m) familiar	[o'gar fami'ljar]
dinastia (f)	dinastía (f)	[dinas'tia]
encontro (m)	cita (f)	['θita]
beijo (m)	beso (m)	['beso]
amor (m)	amor (m)	[a'mor]
amar (pessoa)	querer (vt)	[ke'rer]
amado, querido (adj)	querido (adj)	[ke'riðo]
ternura (f)	ternura (f)	[ter'nura]
afetuoso (adj)	tierno (adj)	['tjerno]
fidelidade (f)	fidelidad (f)	[fiðeli'ðað]
fiel (adj)	fiel (adj)	['fjelʲ]
cuidado (m)	cuidado (m)	[kui'ðaðo]
carinhoso (adj)	cariñoso (adj)	[kari'njoso]
recém-casados (pl)	recién casados (pl)	[re'θjen ka'saðos]
lua (f) de mel	luna (f) de miel	['lʲuna de mjelʲ]
casar-se (com um homem)	estar casada	[es'tar ka'saða]
casar-se (com uma mulher)	casarse (vr)	[ka'sarse]
casamento (m)	boda (f)	['boða]
bodas (f pl) de ouro	bodas (f pl) de oro	['boðas de 'oro]
aniversário (m)	aniversario (m)	[aniβer'sario]
amante (m)	amante (m)	[a'mante]
amante (f)	amante (f)	[a'mante]
adultério (m), traição (f)	adulterio (m)	[aðulʲ'terio]
cometer adultério	cometer adulterio	[kome'ter aðulʲ'terio]
ciumento (adj)	celoso (adj)	[θe'lʲoso]
ser ciumento, -a	tener celos	[te'ner 'θelʲos]
divórcio (m)	divorcio (m)	[di'βorθio]
divorciar-se (vr)	divorciarse (vr)	[diβor'θjarse]
brigar (discutir)	reñir (vi)	[re'njir]
fazer as pazes	reconciliarse (vr)	[rekonθi'ljarse]
juntos (ir ~)	juntos (adv)	['χuntos]
sexo (m)	sexo (m)	['sekso]
felicidade (f)	felicidad (f)	[feliθi'ðað]
feliz (adj)	feliz (adj)	[fe'liθ]
infelicidade (f)	desgracia (f)	[des'ɣraθia]
infeliz (adj)	desgraciado (adj)	[desɣra'θjaðo]

Caráter. Sentimentos. Emoções

58. Sentimentos. Emoções

sentimento (m)	sentimiento (m)	[senti'mjento]
sentimentos (m pl)	sentimientos (m pl)	[senti'mjentos]
sentir (vt)	sentir (vt)	[sen'tir]
fome (f)	hambre (f)	['ambre]
ter fome	tener hambre	[te'ner 'ambre]
sede (f)	sed (f)	[seð]
ter sede	tener sed	[te'ner 'seð]
sonolência (f)	somnolencia (f)	[somno'lenθia]
estar sonolento	tener sueño	[te'ner su'enjo]
cansaço (m)	cansancio (m)	[kan'sanθio]
cansado (adj)	cansado (adj)	[kan'saðo]
ficar cansado	estar cansado	[es'tar kan'saðo]
humor (m)	humor (m)	[u'mor]
tédio (m)	aburrimiento (m)	[aβuri'mjento]
entediar-se (vr)	aburrirse (vr)	[aβu'rirse]
reclusão (isolamento)	soledad (f)	[sole'ðað]
isolar-se (vr)	aislarse (vr)	[ais'lʲarse]
preocupar (vt)	inquietar (vt)	[inkje'tar]
estar preocupado	inquietarse (vr)	[inkje'tarse]
preocupação (f)	inquietud (f)	[inkje'tuð]
ansiedade (f)	preocupación (f)	[preokupa'θjon]
preocupado (adj)	preocupado (adj)	[preoku'paðo]
estar nervoso	estar nervioso	[es'tar ner'βjoso]
entrar em pânico	darse al pánico	['darse alʲ 'paniko]
esperança (f)	esperanza (f)	[espe'ranθa]
esperar (vt)	esperar (vi)	[espe'rar]
certeza (f)	seguridad (f)	[seguri'ðað]
certo, seguro de ...	seguro (adj)	[se'guro]
indecisão (f)	inseguridad (f)	[inseguri'ðað]
indeciso (adj)	inseguro (adj)	[inse'guro]
bêbado (adj)	borracho (adj)	[bo'ratʃo]
sóbrio (adj)	sobrio (adj)	['soβrio]
fraco (adj)	débil (adj)	['deβilʲ]
feliz (adj)	feliz (adj)	[fe'liθ]
assustar (vt)	asustar (vt)	[asus'tar]
fúria (f)	furia (f)	['furia]
ira, raiva (f)	rabia (f)	['raβia]
depressão (f)	depresión (f)	[depre'sjon]
desconforto (m)	incomodidad (f)	[iŋkomoði'ðað]

conforto (m)	comodidad (f)	[komoði'ðað]
arrepender-se (vr)	arrepentirse (vr)	[arepen'tirse]
arrependimento (m)	arrepentimiento (m)	[arepenti'mjento]
azar (m), má sorte (f)	mala suerte (f)	['malʲa su'erte]
tristeza (f)	tristeza (f)	[tris'teθa]

vergonha (f)	vergüenza (f)	[berɣu'enθa]
alegria (f)	júbilo (m)	['χuβilʲo]
entusiasmo (m)	entusiasmo (m)	[entu'sjasmo]
entusiasta (m)	entusiasta (m)	[entu'sjasta]
mostrar entusiasmo	mostrar entusiasmo	[mos'trar entu'sjasmo]

59. Caráter. Personalidade

caráter (m)	carácter (m)	[ka'rakter]
falha (f) de caráter	defecto (m)	[de'fekto]
mente (f)	mente (f)	['mente]
razão (f)	razón (f)	[ra'θon]

consciência (f)	consciencia (f)	[kon'θjenθia]
hábito, costume (m)	hábito (m)	['aβito]
habilidade (f)	habilidad (f)	[aβili'ðað]
saber (~ nadar, etc.)	poder (vt)	[po'ðer]

paciente (adj)	paciente (adj)	[pa'θjente]
impaciente (adj)	impaciente (adj)	[impa'θjente]
curioso (adj)	curioso (adj)	[ku'rjoso]
curiosidade (f)	curiosidad (f)	[ku'rjosi'ðað]

modéstia (f)	modestia (f)	[mo'ðestia]
modesto (adj)	modesto (adj)	[mo'ðesto]
imodesto (adj)	inmodesto (adj)	[inmo'ðesto]

preguiça (f)	pereza (f)	[pe're0a]
preguiçoso (adj)	perezoso (adj)	[pere'θoso]
preguiçoso (m)	perezoso (m)	[pere'θoso]

astúcia (f)	astucia (f)	[as'tuθia]
astuto (adj)	astuto (adj)	[as'tuto]
desconfiança (f)	desconfianza (f)	[deskoɱ'fjanθa]
desconfiado (adj)	desconfiado (adj)	[deskoɱ'fjaðo]

generosidade (f)	generosidad (f)	[χenerosi'ðað]
generoso (adj)	generoso (adj)	[χene'roso]
talentoso (adj)	talentoso (adj)	[talen'toso]
talento (m)	talento (m)	[ta'lento]

corajoso (adj)	valiente (adj)	[ba'ljente]
coragem (f)	coraje (m)	[ko'raχe]
honesto (adj)	honesto (adj)	[o'nesto]
honestidade (f)	honestidad (f)	[onesti'ðað]

prudente, cuidadoso (adj)	prudente (adj)	[pru'ðente]
valoroso (adj)	valeroso (adj)	[bale'roso]

sério (adj)	serio (adj)	['serio]
severo (adj)	severo (adj)	[se'βero]
decidido (adj)	decidido (adj)	[deθi'ðiðo]
indeciso (adj)	indeciso (adj)	[inde'θiso]
tímido (adj)	tímido (adj)	['timiðo]
timidez (f)	timidez (f)	[timi'ðeθ]
confiança (f)	confianza (f)	[koɲ'fjanθa]
confiar (vt)	creer (vt)	[kre'er]
crédulo (adj)	confiado (adj)	[koɲ'fjaðo]
sinceramente	sinceramente (adv)	[sinθera'mente]
sincero (adj)	sincero (adj)	[sin'θero]
sinceridade (f)	sinceridad (f)	[sinθeri'ðað]
aberto (adj)	abierto (adj)	[a'βjerto]
calmo (adj)	calmado (adj)	[kalʲ'maðo]
franco (adj)	franco (adj)	['fraŋko]
ingênuo (adj)	ingenuo (adj)	[in'xenuo]
distraído (adj)	distraído (adj)	[distra'iðo]
engraçado (adj)	gracioso (adj)	[gra'θjoso]
ganância (f)	avaricia (f)	[aβa'riθia]
ganancioso (adj)	avaro (adj)	[a'βaro]
avarento, sovina (adj)	tacaño (adj)	[ta'kanjo]
mal (adj)	malvado (adj)	[malʲ'βaðo]
teimoso (adj)	terco (adj)	['terko]
desagradável (adj)	desagradable (adj)	[desaɣra'ðaβle]
egoísta (m)	egoísta (m)	[ego'ista]
egoísta (adj)	egoísta (adj)	[ego'ista]
covarde (m)	cobarde (m)	[ko'βarðe]
covarde (adj)	cobarde (adj)	[ko'βarðe]

60. O sono. Sonhos

dormir (vi)	dormir (vi)	[dor'mir]
sono (m)	sueño (m)	[su'enjo]
sonho (m)	sueño (m)	[su'enjo]
sonhar (ver sonhos)	soñar (vi)	[so'njar]
sonolento (adj)	adormilado (adj)	[aðormi'lʲaðo]
cama (f)	cama (f)	['kama]
colchão (m)	colchón (m)	[kolʲ'tʃon]
cobertor (m)	manta (f)	['manta]
travesseiro (m)	almohada (f)	[alʲmo'aða]
lençol (m)	sábana (f)	['saβana]
insônia (f)	insomnio (m)	[in'somnio]
sem sono (adj)	de insomnio (adj)	[de in'somnio]
sonífero (m)	somnífero (m)	[som'nifero]
tomar um sonífero	tomar el somnífero	[to'mar elʲ som'nifero]
estar sonolento	tener sueño	[te'ner su'enjo]

bocejar (vi)	bostezar (vi)	[boste'θar]
ir para a cama	irse a la cama	['irse a ʎa 'kama]
fazer a cama	hacer la cama	[a'θer ʎa 'kama]
adormecer (vi)	dormirse (vr)	[dor'mirse]

pesadelo (m)	pesadilla (f)	[pesa'ðija]
ronco (m)	ronquido (m)	[roŋ'kiðo]
roncar (vi)	roncar (vi)	[roŋ'kar]

despertador (m)	despertador (m)	[desperta'ðor]
acordar, despertar (vt)	despertar (vt)	[desper'tar]
acordar (vi)	despertarse (vr)	[desper'tarse]
levantar-se (vr)	levantarse (vr)	[leβan'tarse]
lavar-se (vr)	lavarse (vr)	[ʎa'βarse]

61. Humor. Riso. Alegria

humor (m)	humor (m)	[u'mor]
senso (m) de humor	sentido (m) del humor	[sen'tiðo deʎ u'mor]
divertir-se (vr)	divertirse (vr)	[diβer'tirse]
alegre (adj)	alegre (adj)	[a'leɣre]
diversão (f)	júbilo (m)	['χuβiʎo]

sorriso (m)	sonrisa (f)	[son'risa]
sorrir (vi)	sonreír (vi)	[sonre'ir]
começar a rir	echarse a reír	[e'ʧarse a re'ir]
rir (vi)	reírse (vr)	[re'irse]
riso (m)	risa (f)	['risa]

anedota (f)	anécdota (f)	[a'nekðota]
engraçado (adj)	gracioso (adj)	[gra'θjoso]
ridículo, cômico (adj)	ridículo (adj)	[ri'ðikuʎo]

brincar (vi)	bromear (vi)	[brome'ar]
piada (f)	broma (f)	['broma]
alegria (f)	alegría (f)	[ale'ɣria]
regozijar-se (vr)	alegrarse (vr)	[ale'ɣrarse]
alegre (adj)	alegre (adj)	[a'leɣre]

62. Discussão, conversação. Parte 1

comunicação (f)	comunicación (f)	[komunika'θjon]
comunicar-se (vr)	comunicarse (vr)	[komuni'karse]

conversa (f)	conversación (f)	[kombersa'θjon]
diálogo (m)	diálogo (m)	['djaʎogo]
discussão (f)	discusión (f)	[disku'sjon]
debate (m)	debate (m)	[de'βate]
debater (vt)	debatir (vi)	[deβa'tir]

interlocutor (m)	interlocutor (m)	[interʎoku'tor]
tema (m)	tema (m)	['tema]

ponto (m) de vista	punto (m) de vista	['punto de 'bista]
opinião (f)	opinión (f)	[opi'njon]
discurso (m)	discurso (m)	[dis'kurso]
discussão (f)	discusión (f)	[disku'sjon]
discutir (vt)	discutir (vt)	[disku'tir]
conversa (f)	conversación (f)	[kombersa'θjon]
conversar (vi)	conversar (vi)	[komber'sar]
reunião (f)	reunión (f)	[reu'njon]
encontrar-se (vr)	encontrarse (vr)	[eŋkon'trarse]
provérbio (m)	proverbio (m)	[pro'βerβio]
ditado, provérbio (m)	dicho (m)	['ditʃo]
adivinha (f)	adivinanza (f)	[aðiβi'nanθa]
dizer uma adivinha	contar una adivinanza	[kon'tar una aðiβi'nanθa]
senha (f)	contraseña (f)	[kontra'senja]
segredo (m)	secreto (m)	[se'kreto]
juramento (m)	juramento (m)	[χura'mento]
jurar (vi)	jurar (vt)	[χu'rar]
promessa (f)	promesa (f)	[pro'mesa]
prometer (vt)	prometer (vt)	[prome'ter]
conselho (m)	consejo (m)	[kon'seχo]
aconselhar (vt)	aconsejar (vt)	[akonse'χar]
seguir o conselho	seguir un consejo	[se'gir un kon'seχo]
escutar (~ os conselhos)	escuchar (vt)	[esku'ʧar]
novidade, notícia (f)	noticias (f pl)	[no'tiθias]
sensação (f)	sensación (f)	[sensa'θjon]
informação (f)	información (f)	[iɱforma'θjon]
conclusão (f)	conclusión (f)	[koŋklʲu'sjon]
voz (f)	voz (f)	[boθ]
elogio (m)	cumplido (m)	[kum'pliðo]
amável, querido (adj)	amable (adj)	[a'maβle]
palavra (f)	palabra (f)	[pa'lʲaβra]
frase (f)	frase (f)	['frase]
resposta (f)	respuesta (f)	[respu'esta]
verdade (f)	verdad (f)	[ber'ðað]
mentira (f)	mentira (f)	[men'tira]
pensamento (m)	pensamiento (m)	[pensa'mjento]
ideia (f)	idea (f)	[i'ðea]
fantasia (f)	fantasía (f)	[fanta'sia]

63. Discussão, conversação. Parte 2

estimado, respeitado (adj)	respetado (adj)	[respe'taðo]
respeitar (vt)	respetar (vt)	[respe'tar]
respeito (m)	respeto (m)	[res'peto]
Estimado ..., Caro ...	Estimado ...	[esti'maðo]
apresentar	presentar (vt)	[presen'tar]
(alguém a alguém)		

conhecer (vt)	conocer a alguien	[kono'θer a 'alⁱgjen]
intenção (f)	intención (f)	[inten'θjon]
tencionar (~ fazer algo)	tener intención de ...	[te'ner inten'θjon de]
desejo (de boa sorte)	deseo (m)	[de'seo]
desejar (ex. ~ boa sorte)	desear (vt)	[dese'ar]
surpresa (f)	sorpresa (f)	[sor'presa]
surpreender (vt)	sorprender (vt)	[sorpren'der]
surpreender-se (vr)	sorprenderse (vr)	[sorpren'derse]
dar (vt)	dar (vt)	[dar]
pegar (tomar)	tomar (vt)	[to'mar]
devolver (vt)	devolver (vt)	[deβolⁱ'βer]
retornar (vt)	retornar (vt)	[retor'nar]
desculpar-se (vr)	disculparse (vr)	[diskulⁱ'parse]
desculpa (f)	disculpa (f)	[dis'kulⁱpa]
perdoar (vt)	perdonar (vt)	[perðo'nar]
falar (vi)	hablar (vi)	[a'βlⁱar]
escutar (vt)	escuchar (vt)	[esku'ʧar]
ouvir até o fim	escuchar hasta el final	[esku'ʧar 'asta elⁱ fi'nalⁱ]
entender (compreender)	comprender (vt)	[kompren'der]
mostrar (vt)	mostrar (vt)	[mos'trar]
olhar para ...	mirar a ...	[mi'rar a]
chamar (alguém para ...)	llamar (vt)	[ja'mar]
perturbar, distrair (vt)	distraer (vt)	[distra'er]
perturbar (vt)	molestar (vt)	[moles'tar]
entregar (~ em mãos)	pasar (vt)	[pa'sar]
pedido (m)	petición (f)	[peti'θjon]
pedir (ex. ~ ajuda)	pedir (vt)	[pe'ðir]
exigência (f)	exigencia (f)	[eksi'χenθia]
exigir (vt)	exigir (vt)	[eksi'χir]
insultar (chamar nomes)	motejar (vr)	[mote'χar]
zombar (vt)	burlarse (vr)	[bur'lⁱarse]
zombaria (f)	burla (f)	['burlⁱa]
alcunha (f), apelido (m)	apodo (m)	[a'poðo]
insinuação (f)	alusión (f)	[alⁱu'θjon]
insinuar (vt)	aludir (vi)	[alⁱu'ðir]
querer dizer	sobrentender (vt)	['soβrenten'der]
descrição (f)	descripción (f)	[deskrip'θjon]
descrever (vt)	describir (vt)	[deskri'βir]
elogio (m)	elogio (m)	[e'lⁱoχio]
elogiar (vt)	elogiar (vt)	[elⁱo'χjar]
desapontamento (m)	decepción (f)	[deθep'θjon]
desapontar (vt)	decepcionar (vt)	[deθepθjo'nar]
desapontar-se (vr)	estar decepcionado	[es'tar deθepθjo'naðo]
suposição (f)	suposición (f)	[suposi'θjon]
supor (vt)	suponer (vt)	[supo'ner]

advertência (f)	advertencia (f)	[aðβer'tenθia]
advertir (vt)	prevenir (vt)	[preβe'nir]

64. Discussão, conversação. Parte 3

convencer (vt)	convencer (vt)	[komben'θer]
acalmar (vt)	calmar (vt)	[kalʲ'mar]
silêncio (o ~ é de ouro)	silencio (m)	[si'lenθio]
ficar em silêncio	no decir nada	[no de'θir 'naða]
sussurrar (vt)	susurrar (vt)	[susu'rar]
sussurro (m)	susurro (m)	[su'suro]
francamente	francamente (adv)	[fraŋka'mente]
na minha opinião …	en mi opinión …	[en mi opi'njon]
detalhe (~ da história)	detalle (m)	[de'taje]
detalhado (adj)	detallado (adj)	[deta'jaðo]
detalhadamente	detalladamente (adv)	[detajaða'mente]
dica (f)	pista (f)	['pista]
dar uma dica	dar una pista	[dar 'una 'pista]
olhar (m)	mirada (f)	[mi'raða]
dar uma olhada	echar una mirada	[e'ʧar 'una mi'raða]
fixo (olhada ~a)	fija (adj)	['fiʧa]
piscar (vi)	parpadear (vi)	[parpaðe'ar]
piscar (vt)	guiñar un ojo	[gi'njar un 'oχo]
acenar com a cabeça	asentir con la cabeza	[asen'tir kon lʲa ka'βeθa]
suspiro (m)	suspiro (m)	[sus'piro]
suspirar (vi)	suspirar (vi)	[suspi'rar]
estremecer (vi)	estremecerse (vr)	[estreme'θerse]
gesto (m)	gesto (m)	['χesto]
tocar (com as mãos)	tocar (vt)	[to'kar]
agarrar (~ pelo braço)	asir (vt)	[a'sir]
bater de leve	palmear (vt)	[palʲme'ar]
Cuidado!	¡Cuidado!	[kui'ðaðo]
Sério?	¿De veras?	[de 'beras]
Tem certeza?	¿Estás seguro?	[es'tas se'guro]
Boa sorte!	¡Suerte!	[su'erte]
Entendi!	¡Ya veo!	[ja 'beo]
Que pena!	¡Es una lástima!	[es 'una 'lʲastima]

65. Acordo. Recusa

consentimento (~ mútuo)	acuerdo (m)	[aku'erðo]
consentir (vi)	estar de acuerdo	[es'tar de aku'erðo]
aprovação (f)	aprobación (f)	[aproβa'θjon]
aprovar (vt)	aprobar (vt)	[apro'βar]
recusa (f)	rechazo (m)	[re'ʧaθo]

negar-se a …	negarse (vr)	[ne'garse]
Ótimo!	¡Excelente!	[ekθe'lente]
Tudo bem!	¡De acuerdo!	[de aku'erðo]
Está bem! De acordo!	¡Vale!	['bale]

proibido (adj)	prohibido (adj)	[proi'βiðo]
é proibido	está prohibido	[es'ta proi'βiðo]
é impossível	es imposible	[es impo'siβle]
incorreto (adj)	incorrecto (adj)	[iŋko'rekto]

rejeitar (~ um pedido)	rechazar (vt)	[retʃa'θar]
apoiar (vt)	apoyar (vt)	[apo'jar]
aceitar (desculpas, etc.)	aceptar (vt)	[aθep'tar]

confirmar (vt)	confirmar (vt)	[koɱfir'mar]
confirmação (f)	confirmación (f)	[koɱfirma'θjon]
permissão (f)	permiso (m)	[per'miso]
permitir (vt)	permitir (vt)	[permi'tir]
decisão (f)	decisión (f)	[deθi'sjon]
não dizer nada	no decir nada	[no de'θir 'naða]

condição (com uma ~)	condición (f)	[kondi'θjon]
pretexto (m)	excusa (f)	[eks'kusa]
elogio (m)	elogio (m)	[e'lʲoχio]
elogiar (vt)	elogiar (vt)	[elʲo'χjar]

66. Sucesso. Boa sorte. Insucesso

êxito, sucesso (m)	éxito (m)	['eksito]
com êxito	con éxito (adv)	[kon 'eksito]
bem sucedido (adj)	exitoso (adj)	[eksi'toso]

sorte (fortuna)	suerte (f)	[su'erte]
Boa sorte!	¡Suerte!	[su'erte]
de sorte	de suerte (adj)	[de su'erte]
sortudo, felizardo (adj)	afortunado (adj)	[afortu'naðo]

fracasso (m)	fiasco (m)	['fjasko]
pouca sorte (f)	infortunio (m)	[iɱfor'tunio]
azar (m), má sorte (f)	mala suerte (f)	['malʲa su'erte]

mal sucedido (adj)	fracasado (adj)	[fraka'saðo]
catástrofe (f)	catástrofe (f)	[ka'tastrofe]

orgulho (m)	orgullo (m)	[or'gujo]
orgulhoso (adj)	orgulloso (adj)	[orgu'joso]
estar orgulhoso, -a	estar orgulloso	[es'tar orgu'joso]

vencedor (m)	ganador (m)	[gana'ðor]
vencer (vi, vt)	ganar (vi)	[ga'nar]
perder (vt)	perder (vi)	[per'ðer]
tentativa (f)	tentativa (f)	[tenta'tiβa]
tentar (vt)	intentar (vt)	[inten'tar]
chance (m)	chance (f)	['ʧanθe]

67. Conflitos. Emoções negativas

grito (m)	grito (m)	['grito]
gritar (vi)	gritar (vi)	[gri'tar]
começar a gritar	comenzar a gritar	[komen'θar a gri'tar]
discussão (f)	riña (f)	['rinja]
brigar (discutir)	reñir (vi)	[re'njir]
escândalo (m)	escándalo (m)	[es'kandalʲo]
criar escândalo	causar escándalo	[kau'sar es'kandalʲo]
conflito (m)	conflicto (m)	[koɱ'flikto]
mal-entendido (m)	malentendido (m)	[malenten'diðo]
insulto (m)	insulto (m)	[in'sulʲto]
insultar (vt)	insultar (vt)	[insulʲ'tar]
insultado (adj)	insultado (adj)	[insulʲ'taðo]
ofensa (f)	ofensa (f)	[o'fensa]
ofender (vt)	ofender (vt)	[ofen'der]
ofender-se (vr)	ofenderse (vr)	[ofen'derse]
indignação (f)	indignación (f)	[indiɣna'θjon]
indignar-se (vr)	indignarse (vr)	[indiɣ'narse]
queixa (f)	queja (f)	['keχa]
queixar-se (vr)	quejarse (vr)	[ke'χarse]
desculpa (f)	disculpa (f)	[dis'kulʲpa]
desculpar-se (vr)	disculparse (vr)	[diskulʲ'parse]
pedir perdão	pedir perdón	[pe'ðir per'ðon]
crítica (f)	crítica (f)	['kritika]
criticar (vt)	criticar (vt)	[kriti'kar]
acusação (f)	acusación (f)	[akusa'θjon]
acusar (vt)	acusar (vt)	[aku'sar]
vingança (f)	venganza (f)	[ben'ganθa]
vingar (vt)	vengar (vt)	[ben'gar]
vingar-se de	pagar (vt)	[pa'gar]
desprezo (m)	desprecio (m)	[des'preθio]
desprezar (vt)	despreciar (vt)	[despre'θjar]
ódio (m)	odio (m)	['oðio]
odiar (vt)	odiar (vt)	[o'ðjar]
nervoso (adj)	nervioso (adj)	[ner'βjoso]
estar nervoso	estar nervioso	[es'tar ner'βjoso]
zangado (adj)	enfadado (adj)	[eɱfa'ðaðo]
zangar (vt)	enfadar (vt)	[eɱfa'ðar]
humilhação (f)	humillación (f)	[umija'θjon]
humilhar (vt)	humillar (vt)	[umi'jar]
humilhar-se (vr)	humillarse (vr)	[umi'jarse]
choque (m)	choque (m)	['ʧoke]
chocar (vt)	chocar (vi)	[ʧo'kar]
aborrecimento (m)	molestia (f)	[mo'lestia]

desagradável (adj)	desagradable (adj)	[desaɣra'ðaβle]
medo (m)	miedo (m)	['mjeðo]
terrível (tempestade, etc.)	terrible (adj)	[te'riβle]
assustador (ex. história ~a)	de miedo (adj)	[de 'mjeðo]
horror (m)	horror (m)	[o'ror]
horrível (crime, etc.)	horrible (adj)	[o'riβle]

começar a tremer	empezar a temblar	[empe'θar a tem'blʲar]
chorar (vi)	llorar (vi)	[jo'rar]
começar a chorar	comenzar a llorar	[komen'θar a jo'rar]
lágrima (f)	lágrima (f)	['lʲaɣrima]

falta (f)	culpa (f)	['kulʲpa]
culpa (f)	remordimiento (m)	[remorði'mjento]
desonra (f)	deshonra (f)	[de'sonra]
protesto (m)	protesta (f)	[pro'testa]
estresse (m)	estrés (m)	[es'tres]

perturbar (vt)	molestar (vt)	[moles'tar]
zangar-se com ...	estar furioso	[es'tar fu'rjoθo]
zangado (irritado)	enfadado (adj)	[eɱfa'ðaðo]
terminar (vt)	terminar (vt)	[termi'nar]
praguejar	regañar (vt)	[rega'njar]

assustar-se	asustarse (vr)	[asus'tarse]
golpear (vt)	golpear (vt)	[golʲpe'ar]
brigar (na rua, etc.)	pelear (vi)	[pele'ar]

resolver (o conflito)	resolver (vt)	[resolʲ'βer]
descontente (adj)	descontento (adj)	[deskon'tento]
furioso (adj)	furioso (adj)	[fu'rjoso]

Não está bem!	¡No está bien!	[no es'ta 'bjen]
É ruim!	¡Está mal!	[es'ta 'malʲ]

Medicina

68. Doenças

doença (f)	enfermedad (f)	[eɱferme'ðað]
estar doente	estar enfermo	[es'tar eɱ'fermo]
saúde (f)	salud (f)	[sa'lʲuð]
nariz (m) escorrendo	resfriado (m)	[resfri'aðo]
amigdalite (f)	angina (f)	[an'xina]
resfriado (m)	resfriado (m)	[resfri'aðo]
ficar resfriado	resfriarse (vr)	[resfri'arse]
bronquite (f)	bronquitis (f)	[broɲ'kitis]
pneumonia (f)	pulmonía (f)	[pulʲmo'nia]
gripe (f)	gripe (f)	['gripe]
míope (adj)	miope (adj)	[mi'ope]
presbita (adj)	présbita (adj)	['presβita]
estrabismo (m)	estrabismo (m)	[estra'βismo]
estrábico, vesgo (adj)	estrábico (m) (adj)	[es'traβiko]
catarata (f)	catarata (f)	[kata'rata]
glaucoma (m)	glaucoma (m)	[glʲau'koma]
AVC (m), apoplexia (f)	insulto (m)	[in'sulʲto]
ataque (m) cardíaco	ataque (m) cardiaco	[a'take kar'ðjako]
enfarte (m) do miocárdio	infarto (m) de miocardio	[iɱ'farto de mio'karðio]
paralisia (f)	parálisis (f)	[pa'ralisis]
paralisar (vt)	paralizar (vt)	[parali'θar]
alergia (f)	alergia (f)	[a'lerxia]
asma (f)	asma (f)	['asma]
diabetes (f)	diabetes (f)	[dia'βetes]
dor (f) de dente	dolor (m) de muelas	[do'lʲor de mu'elʲas]
cárie (f)	caries (f)	['karies]
diarreia (f)	diarrea (f)	[dia'rea]
prisão (f) de ventre	estreñimiento (m)	[estrenji'mjento]
desarranjo (m) intestinal	molestia (f) estomacal	[mo'lestja estoma'kalʲ]
intoxicação (f) alimentar	envenenamiento (m)	[embenena'mjento]
intoxicar-se	envenenarse (vr)	[embene'narse]
artrite (f)	artritis (f)	[ar'tritis]
raquitismo (m)	raquitismo (m)	[raki'tismo]
reumatismo (m)	reumatismo (m)	[reuma'tismo]
arteriosclerose (f)	aterosclerosis (f)	[ateroskle'rosis]
gastrite (f)	gastritis (f)	[gas'tritis]
apendicite (f)	apendicitis (f)	[apendi'θitis]

colecistite (f)	colecistitis (f)	[koleθis'titis]
úlcera (f)	úlcera (f)	['ul'θera]

sarampo (m)	sarampión (m)	[saram'pjon]
rubéola (f)	rubeola (f)	[ruβe'ol'a]
icterícia (f)	ictericia (f)	[ikte'riθia]
hepatite (f)	hepatitis (f)	[epa'titis]

esquizofrenia (f)	esquizofrenia (f)	[eskiθo'frenia]
raiva (f)	rabia (f)	['raβia]
neurose (f)	neurosis (f)	[neu'rosis]
contusão (f) cerebral	conmoción (f) cerebral	[konmo'θjon θere'βral']

câncer (m)	cáncer (m)	['kanθer]
esclerose (f)	esclerosis (f)	[eskle'rosis]
esclerose (f) múltipla	esclerosis (f) múltiple	[eskle'rosis 'mul'tiple]

alcoolismo (m)	alcoholismo (m)	[al'koo'lismo]
alcoólico (m)	alcohólico (m)	[al'ko'oliko]
sífilis (f)	sífilis (f)	['sifilis]
AIDS (f)	SIDA (m)	['siða]

tumor (m)	tumor (m)	[tu'mor]
maligno (adj)	maligno (adj)	[ma'liɣno]
benigno (adj)	benigno (adj)	[be'niɣno]
febre (f)	fiebre (f)	['fjeβre]
malária (f)	malaria (f)	[ma'l'aria]
gangrena (f)	gangrena (f)	[gan'grena]
enjoo (m)	mareo (m)	[ma'reo]
epilepsia (f)	epilepsia (f)	[epi'lepsia]

epidemia (f)	epidemia (f)	[epi'ðemia]
tifo (m)	tifus (m)	['tifus]
tuberculose (f)	tuberculosis (f)	[tuβerku'l'osis]
cólera (f)	cólera (f)	['kolera]
peste (f) bubônica	peste (f)	['peste]

69. Sintomas. Tratamentos. Parte 1

sintoma (m)	síntoma (m)	['sintoma]
temperatura (f)	temperatura (f)	[tempera'tura]
febre (f)	fiebre (f)	['fjeβre]
pulso (m)	pulso (m)	['pul'so]

vertigem (f)	mareo (m)	[ma'reo]
quente (testa, etc.)	caliente (adj)	[ka'ljente]
calafrio (m)	escalofrío (m)	[eskal'o'frio]
pálido (adj)	pálido (adj)	['paliðo]

tosse (f)	tos (f)	[tos]
tossir (vi)	toser (vi)	[to'ser]
espirrar (vi)	estornudar (vi)	[estornu'ðar]
desmaio (m)	desmayo (m)	[des'majo]
desmaiar (vi)	desmayarse (vr)	[desma'jarse]

mancha (f) preta	moradura (f)	[mora'ðura]
galo (m)	chichón (m)	[tʃi'tʃon]
machucar-se (vr)	golpearse (vr)	[golʲpe'arse]
contusão (f)	magulladura (f)	[maguja'ðura]
machucar-se (vr)	magullarse (vr)	[magu'jarse]
mancar (vi)	cojear (vi)	[koχe'ar]
deslocamento (f)	dislocación (f)	[dislʲoka'θjon]
deslocar (vt)	dislocar (vt)	[dislʲo'kar]
fratura (f)	fractura (f)	[frak'tura]
fraturar (vt)	tener una fractura	[te'ner 'una frak'tura]
corte (m)	corte (m)	['korte]
cortar-se (vr)	cortarse (vr)	[kor'tarse]
hemorragia (f)	hemorragia (f)	[emo'raχia]
queimadura (f)	quemadura (f)	[kema'ðura]
queimar-se (vr)	quemarse (vr)	[ke'marse]
picar (vt)	pincharse (vt)	[pin'tʃarse]
picar-se (vr)	pincharse (vr)	[pin'tʃarse]
lesionar (vt)	herir (vt)	[e'rir]
lesão (m)	herida (f)	[e'riða]
ferida (f), ferimento (m)	lesión (f)	[le'sjon]
trauma (m)	trauma (m)	['trauma]
delirar (vi)	delirar (vi)	[deli'rar]
gaguejar (vi)	tartamudear (vi)	[tartamuðe'ar]
insolação (f)	insolación (f)	[insolʲa'θjon]

70. Sintomas. Tratamentos. Parte 2

dor (f)	dolor (m)	[do'lʲor]
farpa (no dedo, etc.)	astilla (f)	[as'tija]
suor (m)	sudor (m)	[su'ðor]
suar (vi)	sudar (vi)	[su'ðar]
vômito (m)	vómito (m)	['bomito]
convulsões (f pl)	convulsiones (f pl)	[kombulʲ'sjones]
grávida (adj)	embarazada (adj)	[embara'θaða]
nascer (vi)	nacer (vi)	[na'θer]
parto (m)	parto (m)	['parto]
dar à luz	dar a luz	[dar a lʲuθ]
aborto (m)	aborto (m)	[a'βorto]
respiração (f)	respiración (f)	[respira'θjon]
inspiração (f)	inspiración (f)	[inspira'θjon]
expiração (f)	espiración (f)	[espira'θjon]
expirar (vi)	espirar (vi)	[espi'rar]
inspirar (vi)	inspirar (vi)	[inspi'rar]
inválido (m)	inválido (m)	[im'baliðo]
aleijado (m)	mutilado (m)	[muti'lʲaðo]

drogado (m)	drogadicto (m)	[droɣ·a'ðikto]
surdo (adj)	sordo (adj)	['sorðo]
mudo (adj)	mudo (adj)	['muðo]
surdo-mudo (adj)	sordomudo (adj)	[sorðo'muðo]
louco, insano (adj)	loco (adj)	['lʲoko]
louco (m)	loco (m)	['lʲoko]
louca (f)	loca (f)	['lʲoka]
ficar louco	volverse loco	[bolʲ'βerse 'lʲoko]
gene (m)	gen (m)	[xen]
imunidade (f)	inmunidad (f)	[inmuni'ðað]
hereditário (adj)	hereditario (adj)	[ereði'tario]
congênito (adj)	de nacimiento (adj)	[de naθi'mjento]
vírus (m)	virus (m)	['birus]
micróbio (m)	microbio (m)	[mi'kroβio]
bactéria (f)	bacteria (f)	[bak'teria]
infecção (f)	infección (f)	[imɲfek'θjon]

71. Sintomas. Tratamentos. Parte 3

hospital (m)	hospital (m)	[ospi'talʲ]
paciente (m)	paciente (m)	[pa'θjente]
diagnóstico (m)	diagnosis (f)	[dia'ɣnosis]
cura (f)	cura (f)	['kura]
tratamento (m) médico	tratamiento (m)	[trata'mjento]
curar-se (vr)	curarse (vr)	[ku'rarse]
tratar (vt)	tratar (vt)	[tra'tar]
cuidar (pessoa)	cuidar (vt)	[kui'ðar]
cuidado (m)	cuidados (m pl)	[kui'ðaðos]
operação (f)	operación (f)	[opera'θjon]
enfaixar (vt)	vendar (vt)	[ben'dar]
enfaixamento (m)	vendaje (m)	[ben'daxe]
vacinação (f)	vacunación (f)	[bakuna'θjon]
vacinar (vt)	vacunar (vt)	[baku'nar]
injeção (f)	inyección (f)	[injek'θjon]
dar uma injeção	aplicar una inyección	[apli'kar 'una injek'θjon]
ataque (~ de asma, etc.)	ataque (m)	[a'take]
amputação (f)	amputación (f)	[amputa'θjon]
amputar (vt)	amputar (vt)	[ampu'tar]
coma (f)	coma (m)	['koma]
estar em coma	estar en coma	[es'tar en 'koma]
reanimação (f)	revitalización (f)	[reβitaliθa'θjon]
recuperar-se (vr)	recuperarse (vr)	[rekupe'rarse]
estado (~ de saúde)	estado (m)	[es'taðo]
consciência (perder a ~)	consciencia (f)	[kon'θjenθia]
memória (f)	memoria (f)	[me'moria]
tirar (vt)	extraer (vt)	[ekstra'er]

| obturação (f) | empaste (m) | [em'paste] |
| obturar (vt) | empastar (vt) | [empas'tar] |

| hipnose (f) | hipnosis (f) | [ip'nosis] |
| hipnotizar (vt) | hipnotizar (vt) | [ipnoti'θar] |

72. Médicos

médico (m)	médico (m)	['meðiko]
enfermeira (f)	enfermera (f)	[eɲfer'mera]
médico (m) pessoal	médico (m) personal	['meðiko perso'nalʲ]

dentista (m)	dentista (m)	[den'tista]
oculista (m)	oftalmólogo (m)	[oftalʲ'molʲogo]
terapeuta (m)	internista (m)	[inter'nista]
cirurgião (m)	cirujano (m)	[θiru'χano]

psiquiatra (m)	psiquiatra (m)	[si'kjatra]
pediatra (m)	pediatra (m)	[pe'ðjatra]
psicólogo (m)	psicólogo (m)	[si'kolʲogo]
ginecologista (m)	ginecólogo (m)	[χine'kolʲogo]
cardiologista (m)	cardiólogo (m)	[karði'olʲogo]

73. Medicina. Drogas. Acessórios

medicamento (m)	medicamento (m), droga (f)	[meðika'mento], ['droga]
remédio (m)	remedio (m)	[re'meðio]
receitar (vt)	prescribir	[preskri'βir]
receita (f)	receta (f)	[re'θeta]

comprimido (m)	tableta (f)	[ta'βleta]
unguento (m)	ungüento (m)	[ungu'ento]
ampola (f)	ampolla (f)	[am'poja]
solução, preparado (m)	mixtura (f), mezcla (f)	[miks'tura], ['meθklʲa]
xarope (m)	sirope (m)	[si'rope]
cápsula (f)	píldora (f)	['pilʲdora]
pó (m)	polvo (m)	['polʲβo]

atadura (f)	venda (f)	['benda]
algodão (m)	algodón (m)	[alʲgo'ðon]
iodo (m)	yodo (m)	['joðo]

curativo (m) adesivo	tirita (f), curita (f)	[ti'rita], [ku'rita]
conta-gotas (m)	pipeta (f)	[pi'peta]
termômetro (m)	termómetro (m)	[ter'mometro]
seringa (f)	jeringa (f)	[χe'ringa]

| cadeira (f) de rodas | silla (f) de ruedas | ['sija de ru'eðas] |
| muletas (f pl) | muletas (f pl) | [mu'letas] |

| analgésico (m) | anestésico (m) | [anes'tesiko] |
| laxante (m) | purgante (m) | [pur'gante] |

álcool (m)	alcohol (m)	[alˈkoˈolʲ]
ervas (f pl) medicinais	hierba (f) medicinal	[ˈjerβa meðiθiˈnalʲ]
de ervas (chá ~)	de hierbas (adj)	[de ˈjerβas]

74. Fumar. Produtos tabágicos

tabaco (m)	tabaco (m)	[taˈβako]
cigarro (m)	cigarrillo (m)	[θigaˈrijo]
charuto (m)	cigarro (m)	[θiˈgaro]
cachimbo (m)	pipa (f)	[ˈpipa]
maço (~ de cigarros)	paquete (m)	[paˈkete]

fósforos (m pl)	cerillas (f pl)	[θeˈrijas]
caixa (f) de fósforos	caja (f) de cerillas	[ˈkaxa de θeˈrijas]
isqueiro (m)	encendedor (m)	[enθendeˈðor]
cinzeiro (m)	cenicero (m)	[θeniˈθero]
cigarreira (f)	pitillera (f)	[pitiˈjera]

piteira (f)	boquilla (f)	[boˈkija]
filtro (m)	filtro (m)	[ˈfilʲtro]

fumar (vi, vt)	fumar (vi, vt)	[fuˈmar]
acender um cigarro	encender un cigarrillo	[enθenˈder un θigaˈrijo]
tabagismo (m)	tabaquismo (m)	[taβaˈkismo]
fumante (m)	fumador (m)	[fumaˈðor]

bituca (f)	colilla (f)	[koˈlija]
fumaça (f)	humo (m)	[ˈumo]
cinza (f)	ceniza (f)	[θeˈniθa]

HABITAT HUMANO

Cidade

cidade (f)	ciudad (f)	[θju'ðað]
capital (f)	capital (f)	[kapi'talʲ]
aldeia (f)	aldea (f)	[alʲ'ðea]
mapa (m) da cidade	plano (m) de la ciudad	['plʲano de lʲa θju'ðað]
centro (m) da cidade	centro (m) de la ciudad	['θentro de lʲa θju'ðað]
subúrbio (m)	suburbio (m)	[su'βurβio]
suburbano (adj)	suburbano (adj)	[suβur'βano]
periferia (f)	arrabal (m)	[ara'βalʲ]
arredores (m pl)	afueras (f pl)	[afu'eras]
quarteirão (m)	barrio (m)	['bario]
quarteirão (m) residencial	zona (f) de viviendas	['θona de bi'βjendas]
tráfego (m)	tráfico (m)	['trafiko]
semáforo (m)	semáforo (m)	[se'maforo]
transporte (m) público	transporte (m) urbano	[trans'porte ur'βano]
cruzamento (m)	cruce (m)	['kruθe]
faixa (f)	paso (m) de peatones	['paso de pea'tones]
túnel (m) subterrâneo	paso (m) subterráneo	['paso suβte'raneo]
cruzar, atravessar (vt)	cruzar (vt)	[kru'θar]
pedestre (m)	peatón (m)	[pea'ton]
calçada (f)	acera (f)	[a'θera]
ponte (f)	puente (m)	[pu'ente]
margem (f) do rio	muelle (m)	[mu'eje]
fonte (f)	fuente (f)	[fu'ente]
alameda (f)	alameda (f)	[alʲa'meða]
parque (m)	parque (m)	['parke]
bulevar (m)	bulevar (m)	[bule'βar]
praça (f)	plaza (f)	['plʲaθa]
avenida (f)	avenida (f)	[aβe'niða]
rua (f)	calle (f)	['kaje]
travessa (f)	callejón (m)	[kaje'χon]
beco (m) sem saída	callejón (m) sin salida	[kaje'χon sin sa'liða]
casa (f)	casa (f)	['kasa]
edifício, prédio (m)	edificio (m)	[eði'fiθio]
arranha-céu (m)	rascacielos (m)	[raska'θjelʲos]
fachada (f)	fachada (f)	[fa'tʃaða]
telhado (m)	techo (m)	['tetʃo]

73

janela (f)	ventana (f)	[ben'tana]
arco (m)	arco (m)	['arko]
coluna (f)	columna (f)	[ko'ʎumna]
esquina (f)	esquina (f)	[es'kina]

vitrine (f)	escaparate (f)	[eskapa'rate]
letreiro (m)	letrero (m)	[le'trero]
cartaz (do filme, etc.)	cartel (m)	[kar'telʲ]
cartaz (m) publicitário	cartel (m) publicitario	[kar'telʲ puβliθi'tario]
painel (m) publicitário	valla (f) publicitaria	['baja puβliθi'taria]

lixo (m)	basura (f)	[ba'sura]
lata (f) de lixo	cajón (m) de basura	[ka'χon de ba'sura]
jogar lixo na rua	tirar basura	[ti'rar ba'sura]
aterro (m) sanitário	basurero (m)	[basu'rero]

orelhão (m)	cabina (f) telefónica	[ka'βina tele'fonika]
poste (m) de luz	farola (f)	[fa'rolʲa]
banco (m)	banco (m)	['baŋko]

polícia (m)	policía (m)	[poli'θia]
polícia (instituição)	policía (f)	[poli'θia]
mendigo, pedinte (m)	mendigo (m)	[men'digo]
desabrigado (m)	persona (f) sin hogar	[per'sona sin o'gar]

76. Instituições urbanas

loja (f)	tienda (f)	['tjenda]
drogaria (f)	farmacia (f)	[far'maθia]
ótica (f)	óptica (f)	['optika]
centro (m) comercial	centro (m) comercial	['θentro komer'θjalʲ]
supermercado (m)	supermercado (m)	[supermer'kaðo]

padaria (f)	panadería (f)	[panaðe'ria]
padeiro (m)	panadero (m)	[pana'ðero]
pastelaria (f)	pastelería (f)	[pastele'ria]
mercearia (f)	tienda (f) de comestibles	['tjenda de komes'tiβles]
açougue (m)	carnicería (f)	[karniθe'ria]

| fruteira (f) | verdulería (f) | [berðule'ria] |
| mercado (m) | mercado (m) | [mer'kaðo] |

cafeteria (f)	cafetería (f)	[kafete'ria]
restaurante (m)	restaurante (m)	[restau'rante]
bar (m)	cervecería (f)	[θerβeθe'ria]
pizzaria (f)	pizzería (f)	[pitse'ria]

salão (m) de cabeleireiro	peluquería (f)	[pelʲuke'ria]
agência (f) dos correios	oficina (f) de correos	[ofi'θina de ko'reos]
lavanderia (f)	tintorería (f)	[tintore'ria]
estúdio (m) fotográfico	estudio (m) fotográfico	[es'tuðjo foto'ɣrafiko]

| sapataria (f) | zapatería (f) | [θapate'ria] |
| livraria (f) | librería (f) | [liβre'ria] |

loja (f) de artigos esportivos	**tienda** (f) **deportiva**	['tjenda depor'tiβa]
costureira (m)	**arreglos** (m pl) **de ropa**	[a'reɣlʲos de 'ropa]
aluguel (m) de roupa	**alquiler** (m) **de ropa**	[alʲki'ler de 'ropa]
videolocadora (f)	**videoclub** (m)	[biðeo·'klʲuβ]
circo (m)	**circo** (m)	['θirko]
jardim (m) zoológico	**zoológico** (m)	[θoo'lʲoχiko]
cinema (m)	**cine** (m)	['θine]
museu (m)	**museo** (m)	[mu'seo]
biblioteca (f)	**biblioteca** (f)	[biβlio'teka]
teatro (m)	**teatro** (m)	[te'atro]
ópera (f)	**ópera** (f)	['opera]
boate (casa noturna)	**club** (m) **nocturno**	[klʲuβ nok'turno]
cassino (m)	**casino** (m)	[ka'sino]
mesquita (f)	**mezquita** (f)	[meθ'kita]
sinagoga (f)	**sinagoga** (f)	[sina'goga]
catedral (f)	**catedral** (f)	[kate'ðralʲ]
templo (m)	**templo** (m)	['templʲo]
igreja (f)	**iglesia** (f)	[i'ɣlesia]
faculdade (f)	**instituto** (m)	[insti'tuto]
universidade (f)	**universidad** (f)	[uniβersi'ðað]
escola (f)	**escuela** (f)	[esku'elʲa]
prefeitura (f)	**prefectura** (f)	[prefek'tura]
câmara (f) municipal	**alcaldía** (f)	[alʲkalʲ'ðia]
hotel (m)	**hotel** (m)	[o'telʲ]
banco (m)	**banco** (m)	['baŋko]
embaixada (f)	**embajada** (f)	[emba'χaða]
agência (f) de viagens	**agencia** (f) **de viajes**	[a'χenθja de 'bjaχes]
agência (f) de informações	**oficina** (f) **de información**	[ofi'θina de imforma'θjon]
casa (f) de câmbio	**oficina** (f) **de cambio**	[ofi'θina de 'kambio]
metrô (m)	**metro** (m)	['metro]
hospital (m)	**hospital** (m)	[ospi'talʲ]
posto (m) de gasolina	**gasolinera** (f)	[gasoli'nera]
parque (m) de estacionamento	**aparcamiento** (m)	[aparka'mjento]

77. Transportes urbanos

ônibus (m)	**autobús** (m)	[auto'βus]
bonde (m) elétrico	**tranvía** (m)	[tram'bia]
trólebus (m)	**trolebús** (m)	[trole'βus]
rota (f), itinerário (m)	**itinerario** (m)	[itine'rario]
número (m)	**número** (m)	['numero]
ir de ... (carro, etc.)	**ir en ...**	[ir en]
entrar no ...	**tomar** (vt)	[to'mar]
descer do ...	**bajar del ...**	[ba'χar delʲ]
parada (f)	**parada** (f)	[pa'raða]

próxima parada (f)	próxima parada (f)	['proksima pa'raða]
terminal (m)	parada (f) final	[pa'raða fi'nalʲ]
horário (m)	horario (m)	[o'rario]
esperar (vt)	esperar (vt)	[espe'rar]

| passagem (f) | billete (m) | [bi'jete] |
| tarifa (f) | precio (m) del billete | ['preθjo delʲ bi'jete] |

bilheteiro (m)	cajero (m)	[ka'χero]
controle (m) de passagens	control (m) de billetes	[kon'trolʲ de bi'jetes]
revisor (m)	revisor (m)	[rebi'sor]

atrasar-se (vr)	llegar tarde (vi)	[je'gar 'tarðe]
perder (o autocarro, etc.)	perder (vt)	[per'ðer]
estar com pressa	tener prisa	[te'ner 'prisa]

táxi (m)	taxi (m)	['taksi]
taxista (m)	taxista (m)	[ta'ksista]
de táxi (ir ~)	en taxi	[en 'taksi]
ponto (m) de táxis	parada (f) de taxi	[pa'raða de 'taksi]
chamar um táxi	llamar un taxi	[ja'mar un 'taksi]
pegar um táxi	tomar un taxi	[to'mar un 'taksi]

tráfego (m)	tráfico (m)	['trafiko]
engarrafamento (m)	atasco (m)	[a'tasko]
horas (f pl) de pico	horas (f pl) de punta	['oras de 'punta]
estacionar (vi)	aparcar (vi)	[apar'kar]
estacionar (vt)	aparcar (vt)	[apar'kar]
parque (m) de estacionamento	aparcamiento (m)	[aparka'mjento]

metrô (m)	metro (m)	['metro]
estação (f)	estación (f)	[esta'θjon]
ir de metrô	ir en el metro	[ir en elʲ 'metro]
trem (m)	tren (m)	['tren]
estação (f) de trem	estación (f)	[esta'θjon]

78. Turismo

monumento (m)	monumento (m)	[monu'mento]
fortaleza (f)	fortaleza (f)	[forta'leθa]
palácio (m)	palacio (m)	[pa'lʲaθio]
castelo (m)	castillo (m)	[kas'tijo]
torre (f)	torre (f)	['tore]
mausoléu (m)	mausoleo (m)	[mauso'leo]

arquitetura (f)	arquitectura (f)	[arkitek'tura]
medieval (adj)	medieval (adj)	[meðje'βalʲ]
antigo (adj)	antiguo (adj)	[an'tiguo]
nacional (adj)	nacional (adj)	[naθjo'nalʲ]
famoso, conhecido (adj)	conocido (adj)	[kono'θiðo]

turista (m)	turista (m)	[tu'rista]
guia (pessoa)	guía (m)	['gia]
excursão (f)	excursión (f)	[eskur'θjon]

| mostrar (vt) | mostrar (vt) | [mos'trar] |
| contar (vt) | contar (vt) | [kon'tar] |

encontrar (vt)	encontrar (vt)	[eŋkon'trar]
perder-se (vr)	perderse (vr)	[per'ðerse]
mapa (~ do metrô)	plano (m), mapa (m)	['plʲano], ['mapa]
mapa (~ da cidade)	mapa (m)	['mapa]

lembrança (f), presente (m)	recuerdo (m)	[reku'erðo]
loja (f) de presentes	tienda (f) de regalos	['tjenda de re'galʲos]
tirar fotos, fotografar	hacer fotos	[a'θer 'fotos]
fotografar-se (vr)	fotografiarse (vr)	[fotoɣra'fjarse]

79. Compras

comprar (vt)	comprar (vt)	[kom'prar]
compra (f)	compra (f)	['kompra]
fazer compras	hacer compras	[a'θer 'kompras]
compras (f pl)	compras (f pl)	['kompras]

| estar aberta (loja) | estar abierto | [es'tar a'βjerto] |
| estar fechada | estar cerrado | [es'tar θe'raðo] |

calçado (m)	calzado (m)	[kalʲ'θaðo]
roupa (f)	ropa (f)	['ropa]
cosméticos (m pl)	cosméticos (m pl)	[kos'metikos]
alimentos (m pl)	productos alimenticios	[pro'ðuktos alimen'tiθjos]
presente (m)	regalo (m)	[re'galʲo]

| vendedor (m) | vendedor (m) | [bende'ðor] |
| vendedora (f) | vendedora (f) | [bende'ðora] |

caixa (f)	caja (f)	['kaχa]
espelho (m)	espejo (m)	[es'peχo]
balcão (m)	mostrador (m)	[mostra'ðor]
provador (m)	probador (m)	[proβa'ðor]

provar (vt)	probar (vt)	[pro'βar]
servir (roupa, caber)	quedar (vi)	[ke'ðar]
gostar (apreciar)	gustar (vi)	[gus'tar]

preço (m)	precio (m)	['preθio]
etiqueta (f) de preço	etiqueta (f) de precio	[eti'keta de 'preθio]
custar (vt)	costar (vt)	[kos'tar]
Quanto?	¿Cuánto?	[ku'anto]
desconto (m)	descuento (m)	[desku'ento]

não caro (adj)	no costoso (adj)	[no kos'toso]
barato (adj)	barato (adj)	[ba'rato]
caro (adj)	caro (adj)	['karo]
É caro	Es caro	[es 'karo]

| aluguel (m) | alquiler (m) | [alʲki'ler] |
| alugar (roupas, etc.) | alquilar (vt) | [alʲki'lʲar] |

| crédito (m) | crédito (m) | ['kreðito] |
| a crédito | a crédito (adv) | [a 'kreðito] |

80. Dinheiro

dinheiro (m)	dinero (m)	[di'nero]
câmbio (m)	cambio (m)	['kambio]
taxa (f) de câmbio	curso (m)	['kurso]
caixa (m) eletrônico	cajero (m) automático	[ka'χero auto'matiko]
moeda (f)	moneda (f)	[mo'neða]

| dólar (m) | dólar (m) | ['dolʲar] |
| euro (m) | euro (m) | ['euro] |

lira (f)	lira (f)	['lira]
marco (m)	marco (m) alemán	['marko ale'man]
franco (m)	franco (m)	['fraŋko]
libra (f) esterlina	libra esterlina (f)	['liβra ester'lina]
iene (m)	yen (m)	[jen]

dívida (f)	deuda (f)	['deuða]
devedor (m)	deudor (m)	[deu'ðor]
emprestar (vt)	prestar (vt)	[pres'tar]
pedir emprestado	tomar prestado	[to'mar pres'taðo]

banco (m)	banco (m)	['baŋko]
conta (f)	cuenta (f)	[ku'enta]
depositar (vt)	ingresar (vt)	[ingre'sar]
depositar na conta	ingresar en la cuenta	[ingre'sar en lʲa ku'enta]
sacar (vt)	sacar de la cuenta	[sa'kar de lʲa ku'enta]

cartão (m) de crédito	tarjeta (f) de crédito	[tar'χeta de 'kreðito]
dinheiro (m) vivo	dinero (m) en efectivo	[di'nero en efek'tiβo]
cheque (m)	cheque (m)	['tʃeke]
passar um cheque	sacar un cheque	[sa'kar un 'tʃeke]
talão (m) de cheques	talonario (m)	[talʲo'nario]

carteira (f)	cartera (f)	[kar'tera]
niqueleira (f)	monedero (m)	[mone'ðero]
cofre (m)	caja (f) fuerte	['kaχa fu'erte]

herdeiro (m)	heredero (m)	[ere'ðero]
herança (f)	herencia (f)	[e'renθia]
fortuna (riqueza)	fortuna (f)	[for'tuna]

arrendamento (m)	arriendo (m)	[a'rjendo]
aluguel (pagar o ~)	alquiler (m)	[alʲki'ler]
alugar (vt)	alquilar (vt)	[alʲki'lʲar]

preço (m)	precio (m)	['preθio]
custo (m)	coste (m)	['koste]
soma (f)	suma (f)	['suma]
gastar (vt)	gastar (vt)	[gas'tar]
gastos (m pl)	gastos (m pl)	['gastos]

economizar (vi)	economizar (vi, vt)	[ekonomi'θar]
econômico (adj)	económico (adj)	[eko'nomiko]
pagar (vt)	pagar (vi, vt)	[pa'gar]
pagamento (m)	pago (m)	['pago]
troco (m)	cambio (m)	['kambio]
imposto (m)	impuesto (m)	[impu'esto]
multa (f)	multa (f)	['mulʲta]
multar (vt)	multar (vt)	[mulʲ'tar]

81. Correios. Serviço postal

agência (f) dos correios	oficina (f) de correos	[ofi'θina de ko'reos]
correio (m)	correo (m)	[ko'reo]
carteiro (m)	cartero (m)	[kar'tero]
horário (m)	horario (m) de apertura	[o'rarjo de aper'tura]
carta (f)	carta (f)	['karta]
carta (f) registada	carta (f) certificada	['karta θertifi'kaða]
cartão (m) postal	tarjeta (f) postal	[tar'xeta pos'talʲ]
telegrama (m)	telegrama (m)	[tele'ɣrama]
encomenda (f)	paquete (m) postal	[pa'kete pos'talʲ]
transferência (f) de dinheiro	giro (m) postal	['xiro pos'talʲ]
receber (vt)	recibir (vt)	[reθi'βir]
enviar (vt)	enviar (vt)	[em'bjar]
envio (m)	envío (m)	[em'bio]
endereço (m)	dirección (f)	[direk'θjon]
código (m) postal	código (m) postal	['koðigo pos'talʲ]
remetente (m)	expedidor (m)	[ekspeði'ðor]
destinatário (m)	destinatario (m)	[destina'tario]
nome (m)	nombre (m)	['nombre]
sobrenome (m)	apellido (m)	[ape'jiðo]
tarifa (f)	tarifa (f)	[ta'rifa]
ordinário (adj)	ordinario (adj)	[orði'nario]
econômico (adj)	económico (adj)	[eko'nomiko]
peso (m)	peso (m)	['peso]
pesar (estabelecer o peso)	pesar (vt)	[pe'sar]
envelope (m)	sobre (m)	['soβre]
selo (m) postal	sello (m)	['sejo]
colar o selo	poner un sello	[po'ner un 'sejo]

Moradia. Casa. Lar

82. Casa. Habitação

casa (f)	casa (f)	['kasa]
em casa	en casa (adv)	[en 'kasa]
pátio (m), quintal (f)	patio (m)	['patio]
cerca, grade (f)	verja (f)	['berχa]
tijolo (m)	ladrillo (m)	[lʲa'ðrijo]
de tijolos	de ladrillo (adj)	[de lʲa'ðrijo]
pedra (f)	piedra (f)	['pjeðra]
de pedra	de piedra (adj)	[de 'pjeðra]
concreto (m)	hormigón (m)	[ormi'ɣon]
concreto (adj)	de hormigón (adj)	[de ormi'ɣon]
novo (adj)	nuevo (adj)	[nu'eβo]
velho (adj)	viejo (adj)	['bjeχo]
decrépito (adj)	deteriorado (adj)	[deterjo'raðo]
moderno (adj)	moderno (adj)	[mo'ðerno]
de vários andares	de muchos pisos	[de 'mutʃos 'pisos]
alto (adj)	alto (adj)	['alʲto]
andar (m)	piso (m), planta (f)	['piso], ['plʲanta]
de um andar	de una sola planta	[de una 'solʲa 'plʲanta]
térreo (m)	piso (m) bajo	['piso 'baχo]
andar (m) de cima	piso (m) alto	['piso 'alʲto]
telhado (m)	techo (m)	['tetʃo]
chaminé (f)	chimenea (f)	[tʃime'nea]
telha (f)	tejas (f pl)	['teχas]
de telha	de tejas (adj)	[de 'teχas]
sótão (m)	desván (m)	[des'βan]
janela (f)	ventana (f)	[ben'tana]
vidro (m)	vidrio (m)	['biðrio]
parapeito (m)	alféizar (m)	[al'fejθar]
persianas (f pl)	contraventanas (f pl)	[kontraβen'tanas]
parede (f)	pared (f)	[pa'reð]
varanda (f)	balcón (m)	[balʲ'kon]
calha (f)	gotera (f)	[go'tera]
em cima	arriba	[a'riβa]
subir (vi)	subir (vi)	[su'βir]
descer (vi)	descender (vi)	[deθen'der]
mudar-se (vr)	mudarse (vr)	[mu'ðarse]

83. Casa. Entrada. Elevador

entrada (f)	entrada (f)	[en'traða]
escada (f)	escalera (f)	[eska'lera]
degraus (m pl)	escalones (m pl)	[eska'lʲones]
corrimão (m)	baranda (f)	[ba'randa]
hall (m) de entrada	vestíbulo (m)	[bes'tiβulʲo]
caixa (f) de correio	buzón (m)	[bu'θon]
lata (f) do lixo	contenedor (m) de basura	[kontene'ðor de ba'sura]
calha (f) de lixo	bajante (f) de basura	[ba'χante de ba'sura]
elevador (m)	ascensor (m)	[aθen'sor]
elevador (m) de carga	ascensor (m) de carga	[aθen'sor de 'karga]
cabine (f)	cabina (f)	[ka'βina]
pegar o elevador	ir en el ascensor	[ir en elʲ aθen'sor]
apartamento (m)	apartamento (m)	[aparta'mento]
residentes (pl)	inquilinos (pl)	[iŋki'linos]
vizinho (m)	vecino (m)	[be'θino]
vizinha (f)	vecina (f)	[be'θina]
vizinhos (pl)	vecinos (pl)	[be'θinos]

84. Casa. Portas. Fechaduras

porta (f)	puerta (f)	[pu'erta]
portão (m)	portón (m)	[por'ton]
maçaneta (f)	tirador (m)	[tira'ðor]
destrancar (vt)	abrir el cerrojo	[a'βrir elʲ θe'roχo]
abrir (vt)	abrir (vt)	[a'βrir]
fechar (vt)	cerrar (vt)	[θe'rar]
chave (f)	llave (f)	['jaβe]
molho (m)	manojo (m) de llaves	[ma'noχo de 'jaβes]
ranger (vi)	crujir (vi)	[kru'χir]
rangido (m)	crujido (m)	[kru'χiðo]
dobradiça (f)	gozne (m)	['goθne]
capacho (m)	felpudo (m)	[felʲ'puðo]
fechadura (f)	cerradura (f)	[θera'ðura]
buraco (m) da fechadura	ojo (m) de cerradura	['oχo de θera'ðura]
barra (f)	cerrojo (m)	[θe'roχo]
fecho (ferrolho pequeno)	pestillo (m)	[pes'tijo]
cadeado (m)	candado (m)	[kan'daðo]
tocar (vt)	tocar el timbre	[to'kar elʲ 'timbre]
toque (m)	campanillazo (m)	[kampani'jaθo]
campainha (f)	timbre (m)	['timbre]
botão (m)	botón (m)	[bo'ton]
batida (f)	toque (m) a la puerta	['toke a lʲa pu'erta]
bater (vi)	tocar la puerta	[to'kar lʲa pu'erta]

código (m)	código (m)	['koðigo]
fechadura (f) de código	cerradura (f) de contraseña	[θera'ðura de kontra'senja]
interfone (m)	telefonillo (m)	[telefo'nijo]
número (m)	número (m)	['numero]
placa (f) de porta	placa (f) de puerta	['plʲaka de pu'erta]
olho (m) mágico	mirilla (f)	[mi'rija]

85. Casa de campo

aldeia (f)	aldea (f)	[alʲ'ðea]
horta (f)	huerta (f)	[u'erta]
cerca (f)	empalizada (f)	[empali'θaða]
cerca (f) de piquete	valla (f)	['baja]
portão (f) do jardim	puertecilla (f)	[puerte'θija]

celeiro (m)	granero (m)	[gra'nero]
adega (f)	sótano (m)	['sotano]
galpão, barracão (m)	cobertizo (m)	[koβer'tiθo]
poço (m)	pozo (m)	['poθo]

fogão (m)	estufa (f)	[es'tufa]
atiçar o fogo	calentar la estufa	[kalen'tar lʲa es'tufa]
lenha (carvão ou ~)	leña (f)	['lenja]
acha, lenha (f)	leño (m)	['lenjo]

varanda (f)	veranda (f)	[be'randa]
alpendre (m)	terraza (f)	[te'raθa]
degraus (m pl) de entrada	porche (m)	['portʃe]
balanço (m)	columpio (m)	[ko'lʲumpio]

86. Castelo. Palácio

castelo (m)	castillo (m)	[kas'tijo]
palácio (m)	palacio (m)	[pa'lʲaθio]
fortaleza (f)	fortaleza (f)	[forta'leθa]

muralha (f)	muralla (f)	[mu'raja]
torre (f)	torre (f)	['tore]
calabouço (m)	torre (f) principal	['tore prinθi'palʲ]

grade (f) levadiça	rastrillo (m)	[ras'trijo]
passagem (f) subterrânea	pasaje (m) subterráneo	[pa'saχe suβte'raneo]
fosso (m)	foso (m)	['foso]

| corrente, cadeia (f) | cadena (f) | [ka'ðena] |
| seteira (f) | aspillera (f) | [aspi'jera] |

| magnífico (adj) | magnífico (adj) | [maɣ'nifiko] |
| majestoso (adj) | majestuoso (adj) | [maχestu'oso] |

| inexpugnável (adj) | inexpugnable (adj) | [inekspuɣ'naβle] |
| medieval (adj) | medieval (adj) | [meðje'βalʲ] |

87. Apartamento

apartamento (m)	apartamento (m)	[aparta'mento]
quarto, cômodo (m)	habitación (f)	[aβita'θjon]
quarto (m) de dormir	dormitorio (m)	[dormi'torio]
sala (f) de jantar	comedor (m)	[kome'ðor]
sala (f) de estar	salón (m)	[sa'lʲon]
escritório (m)	despacho (m)	[des'patʃo]
sala (f) de entrada	antecámara (f)	[ante'kamara]
banheiro (m)	cuarto (m) de baño	[ku'arto de 'banjo]
lavabo (m)	servicio (m)	[ser'βiθio]
teto (m)	techo (m)	['tetʃo]
chão, piso (m)	suelo (m)	[su'elʲo]
canto (m)	rincón (m)	[rin'kon]

88. Apartamento. Limpeza

arrumar, limpar (vt)	hacer la limpieza	[a'θer lʲa lim'pjeθa]
guardar (no armário, etc.)	quitar (vt)	[ki'tar]
pó (m)	polvo (m)	['polʲβo]
empoeirado (adj)	polvoriento (adj)	[polʲβo'rjento]
tirar o pó	limpiar el polvo	[lim'pjar elʲ 'polʲβo]
aspirador (m)	aspirador (m), aspiradora (f)	[aspira'ðor], [aspira'ðora]
aspirar (vt)	limpiar con la aspiradora	[lim'pjar kon lʲa aspira'ðora]
varrer (vt)	barrer (vi, vt)	[ba'rer]
sujeira (f)	barreduras (f pl)	[bare'ðuras]
arrumação, ordem (f)	orden (m)	['orðen]
desordem (f)	desorden (m)	[de'sorðen]
esfregão (m)	fregona (f)	[fre'gona]
pano (m), trapo (m)	trapo (m)	['trapo]
vassoura (f)	escoba (f)	[es'koβa]
pá (f) de lixo	cogedor (m)	[koχe'ðor]

89. Mobiliário. Interior

mobiliário (m)	muebles (m pl)	[mu'eβles]
mesa (f)	mesa (f)	['mesa]
cadeira (f)	silla (f)	['sija]
cama (f)	cama (f)	['kama]
sofá, divã (m)	sofá (m)	[so'fa]
poltrona (f)	sillón (m)	[si'jon]
estante (f)	librería (f)	[liβre'ria]
prateleira (f)	estante (m)	[es'tante]
guarda-roupas (m)	armario (m)	[ar'mario]
cabide (m) de parede	percha (f)	['pertʃa]

cabideiro (m) de pé	perchero (m) de pie	[per'tʃero de pje]
cômoda (f)	cómoda (f)	['komoða]
mesinha (f) de centro	mesa (f) de café	['mesa de ka'fe]
espelho (m)	espejo (m)	[es'peχo]
tapete (m)	tapiz (m)	[ta'piθ]
tapete (m) pequeno	alfombra (f)	[alʲ'fombra]
lareira (f)	chimenea (f)	[tʃime'nea]
vela (f)	vela (f)	['belʲa]
castiçal (m)	candelero (m)	[kande'lero]
cortinas (f pl)	cortinas (f pl)	[kor'tinas]
papel (m) de parede	empapelado (m)	[empape'lʲaðo]
persianas (f pl)	estor (m) de láminas	[es'tor de 'lʲaminas]
luminária (f) de mesa	lámpara (f) de mesa	['lʲampara de 'mesa]
luminária (f) de parede	aplique (m)	[ap'like]
abajur (m) de pé	lámpara (f) de pie	['lʲampara de pje]
lustre (m)	lámpara (f) de araña	['lʲampara de a'ranja]
pé (de mesa, etc.)	pata (f)	['pata]
braço, descanso (m)	brazo (m)	['braθo]
costas (f pl)	espaldar (m)	[espalʲ'ðar]
gaveta (f)	cajón (m)	[ka'χon]

90. Quarto de dormir

roupa (f) de cama	ropa (f) de cama	['ropa de 'kama]
travesseiro (m)	almohada (f)	[alʲmo'aða]
fronha (f)	funda (f)	['funda]
cobertor (m)	manta (f)	['manta]
lençol (m)	sábana (f)	['saβana]
colcha (f)	sobrecama (f)	[soβre'kama]

91. Cozinha

cozinha (f)	cocina (f)	[ko'θina]
gás (m)	gas (m)	[gas]
fogão (m) a gás	cocina (f) de gas	[ko'θina de 'gas]
fogão (m) elétrico	cocina (f) eléctrica	[ko'θina e'lektrika]
forno (m)	horno (m)	['orno]
forno (m) de micro-ondas	horno (m) microondas	['orno mikro·'ondas]
geladeira (f)	frigorífico (m)	[frigo'rifiko]
congelador (m)	congelador (m)	[konχelʲa'ðor]
máquina (f) de lavar louça	lavavajillas (m)	['lʲaβa·βa'χijas]
moedor (m) de carne	picadora (f) de carne	[pika'ðora de 'karne]
espremedor (m)	exprimidor (m)	[eksprimi'ðor]
torradeira (f)	tostador (m)	[tosta'ðor]
batedeira (f)	batidora (f)	[bati'ðora]
máquina (f) de café	cafetera (f)	[kafe'tera]

cafeteira (f)	cafetera (f)	[kafe'tera]
moedor (m) de café	molinillo (m) de café	[moli'nijo de ka'fe]
chaleira (f)	hervidor (m) de agua	[erβi'ðor de 'agua]
bule (m)	tetera (f)	[te'tera]
tampa (f)	tapa (f)	['tapa]
coador (m) de chá	colador (m) de té	[koⁱa'ðor de te]
colher (f)	cuchara (f)	[ku'tʃara]
colher (f) de chá	cucharilla (f)	[kutʃa'rija]
colher (f) de sopa	cuchara (f) de sopa	[ku'tʃara de 'sopa]
garfo (m)	tenedor (m)	[tene'ðor]
faca (f)	cuchillo (m)	[ku'tʃijo]
louça (f)	vajilla (f)	[ba'xija]
prato (m)	plato (m)	['pⁱato]
pires (m)	platillo (m)	[pⁱa'tijo]
cálice (m)	vaso (m) de chupito	['baso de tʃu'pito]
copo (m)	vaso (m)	['baso]
xícara (f)	taza (f)	['taθa]
açucareiro (m)	azucarera (f)	[aθuka'rera]
saleiro (m)	salero (m)	[sa'lero]
pimenteiro (m)	pimentero (m)	[pimen'tero]
manteigueira (f)	mantequera (f)	[mante'kera]
panela (f)	cacerola (f)	[kaθe'roⁱa]
frigideira (f)	sartén (f)	[sar'ten]
concha (f)	cucharón (m)	[kutʃa'ron]
coador (m)	colador (m)	[koⁱa'ðor]
bandeja (f)	bandeja (f)	[ban'dexa]
garrafa (f)	botella (f)	[bo'teja]
pote (m) de vidro	tarro (m) de vidrio	['taro de 'biðrio]
lata (~ de cerveja)	lata (f)	['ⁱata]
abridor (m) de garrafa	abrebotellas (m)	[aβre·βo'tejas]
abridor (m) de latas	abrelatas (m)	[aβre·'ⁱatas]
saca-rolhas (m)	sacacorchos (m)	[saka'kortʃos]
filtro (m)	filtro (m)	['fiⁱtro]
filtrar (vt)	filtrar (vt)	[fiⁱ'trar]
lixo (m)	basura (f)	[ba'sura]
lixeira (f)	cubo (m) de basura	['kuβo de ba'sura]

92. Casa de banho

banheiro (m)	cuarto (m) de baño	[ku'arto de 'banjo]
água (f)	agua (f)	['agua]
torneira (f)	grifo (m)	['grifo]
água (f) quente	agua (f) caliente	['agua ka'ljente]
água (f) fria	agua (f) fría	['agua 'fria]
pasta (f) de dente	pasta (f) de dientes	['pasta de 'djentes]

escovar os dentes	limpiarse los dientes	[lim'pjarse los 'djentes]
escova (f) de dente	cepillo (m) de dientes	[θe'pijo de 'djentes]
barbear-se (vr)	afeitarse (vr)	[afej'tarse]
espuma (f) de barbear	espuma (f) de afeitar	[es'puma de afej'tar]
gilete (f)	maquinilla (f) de afeitar	[maki'nija de afej'tar]
lavar (vt)	lavar (vt)	[lⁱa'βar]
tomar banho	darse un baño	['darse un 'banjo]
chuveiro (m), ducha (f)	ducha (f)	['dutʃa]
tomar uma ducha	darse una ducha	['darse 'una 'dutʃa]
banheira (f)	bañera (f)	[ba'njera]
vaso (m) sanitário	inodoro (m)	[ino'ðoro]
pia (f)	lavabo (m)	[lⁱa'βaβo]
sabonete (m)	jabón (m)	[χa'βon]
saboneteira (f)	jabonera (f)	[χaβo'nera]
esponja (f)	esponja (f)	[es'ponχa]
xampu (m)	champú (m)	[tʃam'pu]
toalha (f)	toalla (f)	[to'aja]
roupão (m) de banho	bata (f) de baño	['bata de 'banjo]
lavagem (f)	colada (f), lavado (m)	[ko'lⁱaða], [lⁱa'βaðo]
lavadora (f) de roupas	lavadora (f)	[lⁱaβa'ðora]
lavar a roupa	lavar la ropa	[lⁱa'βar lⁱa 'ropa]
detergente (m)	detergente (m) en polvo	[deter'χente en 'polⁱβo]

93. Eletrodomésticos

televisor (m)	televisor (m)	[teleβi'sor]
gravador (m)	magnetófono (m)	[maɣne'tofono]
videogravador (m)	vídeo (m)	['biðeo]
rádio (m)	radio (m)	['raðio]
leitor (m)	reproductor (m)	[reproðuk'tor]
projetor (m)	proyector (m) de vídeo	[projek'tor de 'biðeo]
cinema (m) em casa	sistema (m) home cinema	[sis'tema 'χoum 'θinema]
DVD Player (m)	reproductor (m) de DVD	reproðuk'tor de deβe'de]
amplificador (m)	amplificador (m)	[amplifika'ðor]
console (f) de jogos	videoconsola (f)	[biðeo·kon'solⁱa]
câmera (f) de vídeo	cámara (f) de vídeo	['kamara de 'biðeo]
máquina (f) fotográfica	cámara (f) fotográfica	['kamara foto'ɣrafika]
câmera (f) digital	cámara (f) digital	['kamara diχi'talⁱ]
aspirador (m)	aspirador (m), aspiradora (f)	[aspira'ðor], [aspira'ðora]
ferro (m) de passar	plancha (f)	['plⁱantʃa]
tábua (f) de passar	tabla (f) de planchar	['taβlⁱa de plⁱan'tʃar]
telefone (m)	teléfono (m)	[te'lefono]
celular (m)	teléfono (m) móvil	[te'lefono 'moβilⁱ]
máquina (f) de escrever	máquina (f) de escribir	['makina de eskri'βir]

máquina (f) de costura	máquina (f) de coser	['makina de ko'ser]
microfone (m)	micrófono (m)	[mi'krofono]
fone (m) de ouvido	auriculares (m pl)	[auriku'lʲares]
controle remoto (m)	mando (m) a distancia	['mando a dis'tanθia]
CD (m)	disco compacto (m)	['disko kom'pakto]
fita (f) cassete	casete (m)	[ka'sete]
disco (m) de vinil	disco (m) de vinilo	['disko de bi'nilʲo]

94. Reparações. Renovação

renovação (f)	renovación (f)	[renoβa'θjon]
renovar (vt), fazer obras	renovar (vt)	[reno'βar]
reparar (vt)	reparar (vt)	[repa'rar]
consertar (vt)	poner en orden	[po'ner en 'orðen]
refazer (vt)	rehacer (vt)	[rea'θer]
tinta (f)	pintura (f)	[pin'tura]
pintar (vt)	pintar (vt)	[pin'tar]
pintor (m)	pintor (m)	[pin'tor]
pincel (m)	brocha (f)	['brotʃa]
cal (f)	cal (f)	[kalʲ]
caiar (vt)	encalar (vt)	[eŋka'lʲar]
papel (m) de parede	empapelado (m)	[empape'lʲaðo]
colocar papel de parede	empapelar (vt)	[empape'lʲar]
verniz (m)	barniz (m)	[bar'niθ]
envernizar (vt)	cubrir con barniz	[ku'βrir kon bar'niθ]

95. Canalizações

água (f)	agua (f)	['agua]
água (f) quente	agua (f) caliente	['agua ka'ljente]
água (f) fria	agua (f) fría	['agua 'fria]
torneira (f)	grifo (m)	['grifo]
gota (f)	gota (f)	['gota]
gotejar (vi)	gotear (vi)	[gote'ar]
vazar (vt)	gotear (vi)	[gote'ar]
vazamento (m)	escape (m) de agua	[es'kape de 'agua]
poça (f)	charco (m)	['tʃarko]
tubo (m)	tubo (m)	['tuβo]
válvula (f)	válvula (f)	['balʲβulʲa]
entupir-se (vr)	estar atascado	[es'tar atas'kaðo]
ferramentas (f pl)	instrumentos (m pl)	[instru'mentos]
chave (f) inglesa	llave (f) inglesa	['jaβe in'glesa]
desenroscar (vt)	destornillar (vt)	[destorni'jar]
enroscar (vt)	atornillar (vt)	[atorni'jar]
desentupir (vt)	desatascar (vt)	[desatas'kar]

encanador (m)	fontanero (m)	[fonta'nero]
porão (m)	sótano (m)	['sotano]
rede (f) de esgotos	alcantarillado (m)	[alʲkantari'jaðo]

96. Fogo. Deflagração

incêndio (m)	incendio (m)	[in'θendjo]
chama (f)	llama (f)	['jama]
faísca (f)	chispa (f)	['tʃispa]
fumaça (f)	humo (m)	['umo]
tocha (f)	antorcha (f)	[an'tortʃa]
fogueira (f)	hoguera (f)	[o'gera]

gasolina (f)	gasolina (f)	[gaso'lina]
querosene (m)	queroseno (m)	[kero'sene]
inflamável (adj)	inflamable (adj)	[imflʲa'maβle]
explosivo (adj)	explosivo (adj)	[eksplʲo'siβo]
PROIBIDO FUMAR!	PROHIBIDO FUMAR	[proi'βiðo fu'mar]

segurança (f)	seguridad (f)	[seguri'ðað]
perigo (m)	peligro (m)	[pe'liɣro]
perigoso (adj)	peligroso (adj)	[peli'ɣroso]

incendiar-se (vr)	prenderse fuego	[pren'derse fu'ego]
explosão (f)	explosión (f)	[eksplʲo'sjon]
incendiar (vt)	incendiar (vt)	[inθen'djar]
incendiário (m)	incendiario (m)	[inθen'djario]
incêndio (m) criminoso	incendio (m) provocado	[in'θendjo proβo'kaðo]

flamejar (vi)	estar en llamas	[es'tar en 'jamas]
queimar (vi)	arder (vi)	[ar'ðer]
queimar tudo (vi)	incendiarse	[inθen'djarse]

chamar os bombeiros	llamar a los bomberos	[ja'mar a los bom'beros]
bombeiro (m)	bombero (m)	[bom'bero]
caminhão (m) de bombeiros	coche (m) de bomberos	['kotʃe de bom'beros]
corpo (m) de bombeiros	cuerpo (m) de bomberos	[ku'erpo de bom'beros]
escada (f) extensível	escalera (f) telescópica	[eska'lera teles'kopika]

mangueira (f)	manguera (f)	[man'gera]
extintor (m)	extintor (m)	[ekstin'tor]
capacete (m)	casco (m)	['kasko]
sirene (f)	sirena (f)	[si'rena]

gritar (vi)	gritar (vi)	[gri'tar]
chamar por socorro	pedir socorro	[pe'ðir so'koro]
socorrista (m)	socorrista (m)	[soko'rista]
salvar, resgatar (vt)	salvar (vt)	[salʲ'βar]

chegar (vi)	llegar (vi)	[je'gar]
apagar (vt)	apagar (vt)	[apa'gar]
água (f)	agua (f)	['agua]
areia (f)	arena (f)	[a'rena]
ruínas (f pl)	ruinas (f pl)	[ru'inas]

ruir (vi)	**colapsarse** (vr)	[kolᵊap'sarse]
desmoronar (vi)	**hundirse** (vr)	[un'dirse]
desabar (vi)	**derrumbarse** (vr)	[derum'barse]
fragmento (m)	**trozo** (m)	['troθo]
cinza (f)	**ceniza** (f)	[θe'niθa]
sufocar (vi)	**morir asfixiado**	[mo'rir asfi'ksjaðo]
perecer (vi)	**perecer** (vi)	[pere'θer]

ATIVIDADES HUMANAS

Emprego. Negócios. Parte 1

97. Banca

banco (m)	banco (m)	['baŋko]
balcão (f)	sucursal (f)	[sukur'salʲ]
consultor (m) bancário	consultor (m)	[konsulʲ'tor]
gerente (m)	gerente (m)	[χe'rente]
conta (f)	cuenta (f)	[ku'enta]
número (m) da conta	numero (m) de la cuenta	['numero de lʲa ku'enta]
conta (f) corrente	cuenta (f) corriente	[ku'enta ko'rjente]
conta (f) poupança	cuenta (f) de ahorros	[ku'enta de a'oros]
abrir uma conta	abrir una cuenta	[a'βrir una ku'enta]
fechar uma conta	cerrar la cuenta	[θe'rar lʲa ku'enta]
depositar na conta	ingresar en la cuenta	[ingre'sar en lʲa ku'enta]
sacar (vt)	sacar de la cuenta	[sa'kar de lʲa ku'enta]
depósito (m)	depósito (m)	[de'posito]
fazer um depósito	hacer un depósito	[a'θer un de'posito]
transferência (f) bancária	giro (m)	['χiro]
transferir (vt)	hacer un giro	[a'θer un 'χiro]
soma (f)	suma (f)	['suma]
Quanto?	¿Cuánto?	[ku'anto]
assinatura (f)	firma (f)	['firma]
assinar (vt)	firmar (vt)	[fir'mar]
cartão (m) de crédito	tarjeta (f) de crédito	[tar'χeta de 'kreðito]
senha (f)	código (m)	['koðigo]
número (m) do cartão de crédito	número (m) de tarjeta de crédito	['numero de tar'χeta de 'kreðito]
caixa (m) eletrônico	cajero (m) automático	[ka'χero auto'matiko]
cheque (m)	cheque (m)	['ʧeke]
passar um cheque	sacar un cheque	[sa'kar un 'ʧeke]
talão (m) de cheques	talonario (m)	[talʲo'nario]
empréstimo (m)	crédito (m)	['kreðito]
pedir um empréstimo	pedir el crédito	[pe'ðir elʲ 'kreðito]
obter empréstimo	obtener un crédito	[oβte'ner un 'kreðito]
dar um empréstimo	conceder un crédito	[konθe'ðer un 'kreðito]
garantia (f)	garantía (f)	[garan'tia]

98. Telefone. Conversação telefônica

telefone (m)	teléfono (m)	[te'lefono]
celular (m)	teléfono (m) móvil	[te'lefono 'moβilʲ]
secretária (f) eletrônica	contestador (m)	[kontesta'ðor]

| fazer uma chamada | llamar, telefonear | [ja'mar], [telefone'ar] |
| chamada (f) | llamada (f) | [ja'maða] |

discar um número	marcar un número	[mar'kar un 'numero]
Alô!	¿Sí?, ¿Dígame?	[si], ['digame]
perguntar (vt)	preguntar (vt)	[pregun'tar]
responder (vt)	responder (vi, vt)	[respon'der]

ouvir (vt)	oír (vt)	[o'ir]
bem	bien (adv)	[bjen]
mal	mal (adv)	[malʲ]
ruído (m)	ruidos (m pl)	[ru'iðos]

fone (m)	auricular (m)	[auriku'lʲar]
pegar o telefone	descolgar (vt)	[deskolʲ'gar]
desligar (vi)	colgar el auricular	[kolʲ'gar elʲ auriku'lʲar]
ocupado (adj)	ocupado (adj)	[oku'paðo]
tocar (vi)	sonar (vi)	[so'nar]
lista (f) telefônica	guía (f) de teléfonos	['gia de te'lefonos]

local (adj)	local (adj)	[lʲo'kalʲ]
chamada (f) local	llamada (f) local	[ja'maða lʲo'kalʲ]
de longa distância	de larga distancia	[de 'lʲarga dis'tanθia]
chamada (f) de longa distância	llamada (f) de larga distancia	[ja'maða de 'lʲarga dis'tanθia]
internacional (adj)	internacional (adj)	[internaθjo'nalʲ]
chamada (f) internacional	llamada (f) internacional	[ja'maða internaθjo'nalʲ]

99. Telefone móvel

celular (m)	teléfono (m) móvil	[te'lefono 'moβilʲ]
tela (f)	pantalla (f)	[pan'taja]
botão (m)	botón (m)	[bo'ton]
cartão SIM (m)	tarjeta SIM (f)	[tar'χeta sim]

bateria (f)	pila (f)	['pilʲa]
descarregar-se (vr)	descargarse (vr)	[deskar'garse]
carregador (m)	cargador (m)	[karga'ðor]

menu (m)	menú (m)	[me'nu]
configurações (f pl)	preferencias (f pl)	[prefe'renθias]
melodia (f)	melodía (f)	[melʲo'ðia]
escolher (vt)	seleccionar (vt)	[selekθjo'nar]

calculadora (f)	calculadora (f)	[kalʲkulʲa'ðora]
correio (m) de voz	contestador (m)	[kontesta'ðor]
despertador (m)	despertador (m)	[desperta'ðor]

contatos (m pl)	contactos (m pl)	[kon'taktos]
mensagem (f) de texto	mensaje (m) de texto	[men'saχe de 'teksto]
assinante (m)	abonado (m)	[aβo'naðo]

100. Estacionário

| caneta (f) | bolígrafo (m) | [bo'liɣrafo] |
| caneta (f) tinteiro | pluma (f) estilográfica | ['plʲuma estilʲo'ɣrafika] |

lápis (m)	lápiz (m)	['lʲapiθ]
marcador (m) de texto	marcador (m)	[marka'ðor]
caneta (f) hidrográfica	rotulador (m)	[rotulʲa'ðor]

| bloco (m) de notas | bloc (m) de notas | ['blʲok de 'notas] |
| agenda (f) | agenda (f) | [a'χenda] |

régua (f)	regla (f)	['reɣlʲa]
calculadora (f)	calculadora (f)	[kalʲkulʲa'ðora]
borracha (f)	goma (f) de borrar	['goma de bo'rar]
alfinete (m)	chincheta (f)	[tʃin'tʃeta]
clipe (m)	clip (m)	[klip]

cola (f)	cola (f), pegamento (m)	['kolʲa], [pega'mento]
grampeador (m)	grapadora (f)	[grapa'ðora]
furador (m) de papel	perforador (m)	[perfora'ðor]
apontador (m)	sacapuntas (m)	[saka'puntas]

Emprego. Negócios. Parte 2

101. Media

jornal (m)	periódico (m)	[pe'rjoðiko]
revista (f)	revista (f)	[re'βista]
imprensa (f)	prensa (f)	['prensa]
rádio (m)	radio (f)	['raðio]
estação (f) de rádio	estación (f) de radio	[esta'θjon de 'raðio]
televisão (f)	televisión (f)	[teleβi'θjon]
apresentador (m)	presentador (m)	[presenta'ðor]
locutor (m)	presentador (m) de noticias	[presenta'ðor de no'tiθias]
comentarista (m)	comentarista (m)	[komenta'rista]
jornalista (m)	periodista (m)	[perjo'ðista]
correspondente (m)	corresponsal (m)	[korespon'salʲ]
repórter (m) fotográfico	corresponsal (m) fotográfico	[korespon'salʲ foto'ɣrafiko]
repórter (m)	reportero (m)	[repor'tero]
redator (m)	redactor (m)	[reðak'tor]
redator-chefe (m)	redactor jefe (m)	[reðak'tor 'χefe]
assinar a ...	suscribirse (vr)	[suskri'βirse]
assinatura (f)	suscripción (f)	[suskrip'θjon]
assinante (m)	suscriptor (m)	[suskrip'tor]
ler (vt)	leer (vi, vt)	[le'er]
leitor (m)	lector (m)	[lek'tor]
tiragem (f)	tirada (f)	[ti'raða]
mensal (adj)	mensual (adj)	[mensu'alʲ]
semanal (adj)	semanal (adj)	[sema'nalʲ]
número (jornal, revista)	número (m)	['numero]
recente, novo (adj)	nuevo (adj)	[nu'eβo]
manchete (f)	titular (m)	[titu'lʲar]
pequeno artigo (m)	noticia (f)	[no'tiθia]
coluna (~ semanal)	columna (f)	[ko'lʲumna]
artigo (m)	artículo (m)	[ar'tikulʲo]
página (f)	página (f)	['paχina]
reportagem (f)	reportaje (m)	[repor'taχe]
evento (festa, etc.)	evento (m)	[e'βento]
sensação (f)	sensación (f)	[sensa'θjon]
escândalo (m)	escándalo (m)	[es'kandalʲo]
escandaloso (adj)	escandaloso (adj)	[eskanda'lʲoso]
grande (adj)	gran (adj)	[gran]
programa (m)	emisión (f)	[emi'sjon]
entrevista (f)	entrevista (f)	[entre'βista]

transmissão (f) ao vivo	transmisión (f) en vivo	[transmi'θjon en 'biβo]
canal (m)	canal (m)	[ka'nalʲ]

102. Agricultura

agricultura (f)	agricultura (f)	[aɣrikulʲ'tura]
camponês (m)	campesino (m)	[kampe'sino]
camponesa (f)	campesina (f)	[kampe'sina]
agricultor, fazendeiro (m)	granjero (m)	[gran'χero]
trator (m)	tractor (m)	[trak'tor]
colheitadeira (f)	cosechadora (f)	[koseʧa'ðora]
arado (m)	arado (m)	[a'raðo]
arar (vt)	arar (vi, vt)	[a'rar]
campo (m) lavrado	labrado (m)	[lʲa'βraðo]
sulco (m)	surco (m)	['surko]
semear (vt)	sembrar (vi, vt)	[sem'brar]
plantadeira (f)	sembradora (f)	[sembra'ðora]
semeadura (f)	siembra (f)	['sjembra]
foice (m)	guadaña (f)	[gua'ðanja]
cortar com foice	segar (vi, vt)	[se'gar]
pá (f)	pala (f)	['palʲa]
cavar (vt)	layar (vt)	[lʲa'jar]
enxada (f)	azada (f)	[a'θaða]
capinar (vt)	sachar, escardar	[sa'ʧar], [eskar'ðar]
erva (f) daninha	mala hierba (f)	['malʲa 'jerβa]
regador (m)	regadera (f)	[rega'ðera]
regar (plantas)	regar (vt)	[re'gar]
rega (f)	riego (m)	['rjego]
forquilha (f)	horquilla (f)	[or'kija]
ancinho (m)	rastrillo (m)	[ras'trijo]
fertilizante (m)	fertilizante (m)	[fertili'θante]
fertilizar (vt)	abonar (vt)	[aβo'nar]
estrume, esterco (m)	estiércol (m)	[es'tjerkolʲ]
campo (m)	campo (m)	['kampo]
prado (m)	prado (m)	['praðo]
horta (f)	huerta (f)	[u'erta]
pomar (m)	jardín (m)	[χar'ðin]
pastar (vt)	pacer (vt)	[pa'θer]
pastor (m)	pastor (m)	[pas'tor]
pastagem (f)	pastadero (m)	[pasta'ðero]
pecuária (f)	ganadería (f)	[ganaðe'ria]
criação (f) de ovelhas	cría (f) de ovejas	['kria de o'βeχas]

plantação (f)	plantación (f)	[plʲanta'θjon]
canteiro (m)	hilera (f)	[i'lera]
estufa (f)	invernadero (m)	[imberna'ðero]
seca (f)	sequía (f)	[se'kia]
seco (verão ~)	seco, árido (adj)	['seko], ['ariðo]
grão (m)	grano (m)	['grano]
cereais (m pl)	cereales (m pl)	[θere'ales]
colher (vt)	recolectar (vt)	[rekolek'tar]
moleiro (m)	molinero (m)	[moli'nero]
moinho (m)	molino (m)	[mo'lino]
moer (vt)	moler (vt)	[mo'ler]
farinha (f)	harina (f)	[a'rina]
palha (f)	paja (f)	['paχa]

103. Construção. Processo de construção

canteiro (m) de obras	obra (f)	['oβra]
construir (vt)	construir (vt)	[konstru'ir]
construtor (m)	albañil (m)	[alʲβa'njilʲ]
projeto (m)	proyecto (m)	[pro'jekto]
arquiteto (m)	arquitecto (m)	[arki'tekto]
operário (m)	obrero (m)	[o'βrero]
fundação (f)	cimientos (m pl)	[θi'mjentos]
telhado (m)	techo (m)	['tetʃo]
estaca (f)	pila (f) de cimentación	['pilʲa de θimenta'θjon]
parede (f)	muro (m)	['muro]
colunas (f pl) de sustentação	armadura (f)	[arma'ðura]
andaime (m)	andamio (m)	[an'damio]
concreto (m)	hormigón (m)	[ormi'ɣon]
granito (m)	granito (m)	[gra'nito]
pedra (f)	piedra (f)	['pjeðra]
tijolo (m)	ladrillo (m)	[lʲa'ðrijo]
areia (f)	arena (f)	[a'rena]
cimento (m)	cemento (m)	[θe'mento]
emboço, reboco (m)	estuco (m)	[es'tuko]
emboçar, rebocar (vt)	estucar (vt)	[estu'kar]
tinta (f)	pintura (f)	[pin'tura]
pintar (vt)	pintar (vt)	[pin'tar]
barril (m)	barril (m)	[ba'rilʲ]
grua (f), guindaste (m)	grúa (f)	['grua]
erguer (vt)	levantar (vt)	[leβan'tar]
baixar (vt)	bajar (vt)	[ba'χar]
buldózer (m)	bulldózer (m)	[bulʲ'ðoθer]
escavadora (f)	excavadora (f)	[ekskaβa'ðora]

caçamba (f)	cuchara (f)	[ku'tʃara]
escavar (vt)	cavar (vt)	[ka'βar]
capacete (m) de proteção	casco (m)	['kasko]

Profissões e ocupações

trabalho (m)	trabajo (m)	[tra'βaχo]
equipe (f)	empleados (pl)	[emple'aðos]
pessoal (m)	personal (m)	[perso'nalʲ]
carreira (f)	carrera (f)	[ka'rera]
perspectivas (f pl)	perspectiva (f)	[perspek'tiβa]
habilidades (f pl)	maestría (f)	[maes'tria]
seleção (f)	selección (f)	[selek'θjon]
agência (f) de emprego	agencia (f) de empleo	[a'χenθja de em'pleo]
currículo (m)	curriculum vitae (m)	[ku'rikulʲum bi'tae]
entrevista (f) de emprego	entrevista (f)	[entre'βista]
vaga (f)	vacancia (f)	[ba'kanθia]
salário (m)	salario (m)	[sa'lʲario]
salário (m) fixo	salario (m) fijo	[sa'lʲario 'fiχo]
pagamento (m)	remuneración (f)	[remunera'θjon]
cargo (m)	puesto (m)	[pu'esto]
dever (do empregado)	deber (m)	[de'βer]
gama (f) de deveres	gama (f) de deberes	['gama de de'βeres]
ocupado (adj)	ocupado (adj)	[oku'paðo]
despedir, demitir (vt)	despedir (vt)	[despe'ðir]
demissão (f)	despido (m)	[des'piðo]
desemprego (m)	desempleo (m)	[desem'pleo]
desempregado (m)	desempleado (m)	[desemple'aðo]
aposentadoria (f)	jubilación (f)	[χuβilʲa'θjon]
aposentar-se (vr)	jubilarse (vr)	[χuβi'lʲarse]

diretor (m)	director (m)	[direk'tor]
gerente (m)	gerente (m)	[χe'rente]
patrão, chefe (m)	jefe (m)	['χefe]
superior (m)	superior (m)	[supe'rjor]
superiores (m pl)	superiores (m pl)	[supe'rjores]
presidente (m)	presidente (m)	[presi'ðente]
chairman (m)	presidente (m)	[presi'ðente]
substituto (m)	adjunto (m)	[að'χunto]
assistente (m)	asistente (m)	[asis'tente]

secretário (m)	secretario (m), secretaria (f)	[sekre'tario], [sekre'taria]
secretário (m) pessoal	secretario (m) particular	[sekre'tarjo partiku'lʲar]
homem (m) de negócios	hombre (m) de negocios	['ombre de ne'goθjos]
empreendedor (m)	emprendedor (m)	[emprende'ðor]
fundador (m)	fundador (m)	[funda'ðor]
fundar (vt)	fundar (vt)	[fun'dar]
principiador (m)	institutor (m)	[institu'tor]
parceiro, sócio (m)	socio (m)	['soθio]
acionista (m)	accionista (m)	[akθjo'nista]
milionário (m)	millonario (m)	[mijo'nario]
bilionário (m)	multimillonario (m)	[mulʲti·mijo'nario]
proprietário (m)	propietario (m)	[propje'tario]
proprietário (m) de terras	terrateniente (m)	[tera·te'njente]
cliente (m)	cliente (m)	[kli'ente]
cliente (m) habitual	cliente (m) habitual	[kli'ente aβitu'alʲ]
comprador (m)	comprador (m)	[kompra'ðor]
visitante (m)	visitante (m)	[bisi'tante]
profissional (m)	profesional (m)	[profesjo'nalʲ]
perito (m)	experto (m)	[eks'perto]
especialista (m)	especialista (m)	[espeθja'lista]
banqueiro (m)	banquero (m)	[baŋ'kero]
corretor (m)	broker (m)	['broker]
caixa (m, f)	cajero (m)	[ka'χero]
contador (m)	contable (m)	[kon'taβle]
guarda (m)	guardia (m) de seguridad	[gu'arðja de seguri'ðað]
investidor (m)	inversionista (m)	[imbersjo'nista]
devedor (m)	deudor (m)	[deu'ðor]
credor (m)	acreedor (m)	[akree'ðor]
mutuário (m)	prestatario (m)	[presta'tario]
importador (m)	importador (m)	[importa'ðor]
exportador (m)	exportador (m)	[eksporta'ðor]
produtor (m)	productor (m)	[proðuk'tor]
distribuidor (m)	distribuidor (m)	[distriβui'ðor]
intermediário (m)	intermediario (m)	[interme'ðjario]
consultor (m)	asesor (m)	[ase'sor]
representante comercial	representante (m)	[represen'tante]
agente (m)	agente (m)	[a'χente]
agente (m) de seguros	agente (m) de seguros	[a'χente de se'guros]

106. Profissões de serviços

cozinheiro (m)	cocinero (m)	[koθi'nero]
chefe (m) de cozinha	jefe (m) de cocina	['χefe de ko'θina]

padeiro (m)	panadero (m)	[pana'ðero]
barman (m)	barman (m)	['barman]
garçom (m)	camarero (m)	[kama'rero]
garçonete (f)	camarera (f)	[kama'rera]
advogado (m)	abogado (m)	[aβo'gaðo]
jurista (m)	jurista (m)	[χu'rista]
notário (m)	notario (m)	[no'tario]
eletricista (m)	electricista (m)	[elektri'θista]
encanador (m)	fontanero (m)	[fonta'nero]
carpinteiro (m)	carpintero (m)	[karpin'tero]
massagista (m)	masajista (m)	[masa'χista]
massagista (f)	masajista (f)	[masa'χista]
médico (m)	médico (m)	['meðiko]
taxista (m)	taxista (m)	[ta'ksista]
condutor (automobilista)	chofer (m)	['ʧofer]
entregador (m)	repartidor (m)	[reparti'ðor]
camareira (f)	camarera (f)	[kama'rera]
guarda (m)	guardia (m) de seguridad	[gu'arðja de seguri'ðað]
aeromoça (f)	azafata (f)	[aθa'fata]
professor (m)	profesor (m)	[profe'sor]
bibliotecário (m)	bibliotecario (m)	[biβliote'kario]
tradutor (m)	traductor (m)	[traðuk'tor]
intérprete (m)	intérprete (m)	[in'terprete]
guia (m)	guía (m)	['gia]
cabeleireiro (m)	peluquero (m)	[peˡu'kero]
carteiro (m)	cartero (m)	[kar'tero]
vendedor (m)	vendedor (m)	[bende'ðor]
jardineiro (m)	jardinero (m)	[χarði'nero]
criado (m)	servidor (m)	[serβi'ðor]
criada (f)	criada (f)	[kri'aða]
empregada (f) de limpeza	mujer (f) de la limpieza	[mu'χer de ˡa lim'pjeθa]

107. Profissões militares e postos

soldado (m) raso	soldado (m) raso	[solˡ'ðaðo 'raso]
sargento (m)	sargento (m)	[sar'χento]
tenente (m)	teniente (m)	[te'njente]
capitão (m)	capitán (m)	[kapi'tan]
major (m)	mayor (m)	[ma'jor]
coronel (m)	coronel (m)	[koro'nelˡ]
general (m)	general (m)	[χene'ralˡ]
marechal (m)	mariscal (m)	[maris'kalˡ]
almirante (m)	almirante (m)	[alˡmi'rante]
militar (m)	militar (m)	[mili'tar]
soldado (m)	soldado (m)	[solˡ'ðaðo]

oficial (m)	oficial (m)	[ofi'θjalʲ]
comandante (m)	comandante (m)	[koman'dante]

guarda (m) de fronteira	guardafronteras (m)	[guarða·fron'teras]
operador (m) de rádio	radio-operador (m)	['raðjo opera'ðor]
explorador (m)	explorador (m)	[eksplʲora'ðor]
sapador-mineiro (m)	zapador (m)	[θapa'ðor]
atirador (m)	tirador (m)	[tira'ðor]
navegador (m)	navegador (m)	[naβega'ðor]

108. Oficiais. Padres

rei (m)	rey (m)	[rej]
rainha (f)	reina (f)	['rejna]

príncipe (m)	príncipe (m)	['prinθipe]
princesa (f)	princesa (f)	[prin'θesa]

czar (m)	zar (m)	[θar]
czarina (f)	zarina (f)	[θa'rina]

presidente (m)	presidente (m)	[presi'ðente]
ministro (m)	ministro (m)	[mi'nistro]
primeiro-ministro (m)	primer ministro (m)	[pri'mer mi'nistro]
senador (m)	senador (m)	[sena'ðor]

diplomata (m)	diplomático (m)	[diplʲo'matiko]
cônsul (m)	cónsul (m)	['konsulʲ]
embaixador (m)	embajador (m)	[embaχa'ðor]
conselheiro (m)	consejero (m)	[konse'χero]

funcionário (m)	funcionario (m)	[funθjo'nario]
prefeito (m)	prefecto (m)	[pre'fekto]
Presidente (m) da Câmara	alcalde (m)	[alʲ'kalʲde]

juiz (m)	juez (m)	[χu'eθ]
procurador (m)	fiscal (m)	[fis'kalʲ]

missionário (m)	misionero (m)	[misjo'nero]
monge (m)	monje (m)	['monχe]
abade (m)	abad (m)	[a'βað]
rabino (m)	rabino (m)	[ra'βino]

vizir (m)	visir (m)	[bi'sir]
xá (m)	sha, shah (m)	[ʃa]
xeique (m)	jeque (m)	['χeke]

109. Profissões agrícolas

abelheiro (m)	apicultor (m)	[apikulʲ'tor]
pastor (m)	pastor (m)	[pas'tor]
agrônomo (m)	agrónomo (m)	[a'γronomo]

| criador (m) de gado | ganadero (m) | [gana'ðero] |
| veterinário (m) | veterinario (m) | [beteri'nario] |

agricultor, fazendeiro (m)	granjero (m)	[gran'xero]
vinicultor (m)	vinicultor (m)	[binikulᶥ'tor]
zoólogo (m)	zoólogo (m)	[θo'olᶥogo]
vaqueiro (m)	vaquero (m)	[ba'kero]

110. Profissões artísticas

| ator (m) | actor (m) | [ak'tor] |
| atriz (f) | actriz (f) | [ak'triθ] |

| cantor (m) | cantante (m) | [kan'tante] |
| cantora (f) | cantante (f) | [kan'tante] |

| bailarino (m) | bailarín (m) | [bajlᶥa'rin] |
| bailarina (f) | bailarina (f) | [bajlᶥa'rina] |

| artista (m) | artista (m) | [ar'tista] |
| artista (f) | artista (f) | [ar'tista] |

músico (m)	músico (m)	['musiko]
pianista (m)	pianista (m)	[pja'nista]
guitarrista (m)	guitarrista (m)	[gita'rista]

maestro (m)	director (m) de orquesta	[direk'tor de or'kesta]
compositor (m)	compositor (m)	[komposi'tor]
empresário (m)	empresario (m)	[empre'sario]

diretor (m) de cinema	director (m) de cine	[direk'tor de 'θine]
produtor (m)	productor (m)	[proðuk'tor]
roteirista (m)	guionista (m)	[gijo'nista]
crítico (m)	crítico (m)	['kritiko]

escritor (m)	escritor (m)	[eskri'tor]
poeta (m)	poeta (m)	[po'eta]
escultor (m)	escultor (m)	[eskulᶥ'tor]
pintor (m)	pintor (m)	[pin'tor]

malabarista (m)	malabarista (m)	[malᶥaβa'rista]
palhaço (m)	payaso (m)	[pa'jaso]
acrobata (m)	acróbata (m)	[a'kroβata]
ilusionista (m)	ilusionista (m)	[ilᶥusjo'nista]

111. Várias profissões

médico (m)	médico (m)	['meðiko]
enfermeira (f)	enfermera (f)	[emɸer'mera]
psiquiatra (m)	psiquiatra (m)	[si'kjatra]
dentista (m)	dentista (m)	[den'tista]
cirurgião (m)	cirujano (m)	[θiru'xano]

astronauta (m)	astronauta (m)	[astro'nauta]
astrônomo (m)	astrónomo (m)	[as'tronomo]
piloto (m)	piloto (m)	[pi'lʲoto]
motorista (m)	conductor (m)	[konduk'tor]
maquinista (m)	maquinista (m)	[maki'nista]
mecânico (m)	mecánico (m)	[me'kaniko]
mineiro (m)	minero (m)	[mi'nero]
operário (m)	obrero (m)	[o'βrero]
serralheiro (m)	cerrajero (m)	[θera'xero]
marceneiro (m)	carpintero (m)	[karpin'tero]
torneiro (m)	tornero (m)	[tor'nero]
construtor (m)	albañil (m)	[alʲβa'njilʲ]
soldador (m)	soldador (m)	[solʲda'ðor]
professor (m)	profesor (m)	[profe'sor]
arquiteto (m)	arquitecto (m)	[arki'tekto]
historiador (m)	historiador (m)	[istorja'ðor]
cientista (m)	científico (m)	[θjen'tifiko]
físico (m)	físico (m)	['fisiko]
químico (m)	químico (m)	['kimiko]
arqueólogo (m)	arqueólogo (m)	[arke'olʲogo]
geólogo (m)	geólogo (m)	[xe'olʲogo]
pesquisador (cientista)	investigador (m)	[imbestiga'ðor]
babysitter, babá (f)	niñera (f)	[ni'njera]
professor (m)	pedagogo (m)	[peða'gogo]
redator (m)	redactor (m)	[reðak'tor]
redator-chefe (m)	redactor jefe (m)	[reðak'tor 'xefe]
correspondente (m)	corresponsal (m)	[korespon'salʲ]
datilógrafa (f)	mecanógrafa (f)	[meka'noɣrafa]
designer (m)	diseñador (m)	[disenja'ðor]
especialista (m)	especialista (m)	[espeθja'lista
em informática	en ordenadores	en orðena'ðores]
programador (m)	programador (m)	[proɣrama'ðor]
engenheiro (m)	ingeniero (m)	[inxe'njero]
marujo (m)	marino (m)	[ma'rino]
marinheiro (m)	marinero (m)	[mari'nero]
socorrista (m)	socorrista (m)	[soko'rista]
bombeiro (m)	bombero (m)	[bom'bero]
polícia (m)	policía (m)	[poli'θia]
guarda-noturno (m)	vigilante (m) nocturno	[bixi'lʲante nok'turno]
detetive (m)	detective (m)	[detek'tiβe]
funcionário (m) da alfândega	aduanero (m)	[aðua'nero]
guarda-costas (m)	guardaespaldas (m)	[guarða·es'palʲdas]
guarda (m) prisional	guardia (m) de prisiones	[gu'arðja de pri'sjones]
inspetor (m)	inspector (m)	[inspek'tor]
esportista (m)	deportista (m)	[depor'tista]
treinador (m)	entrenador (m)	[entrena'ðor]

açougueiro (m)	carnicero (m)	[karni'θero]
sapateiro (m)	zapatero (m)	[θapa'tero]
comerciante (m)	comerciante (m)	[komer'θjante]
carregador (m)	cargador (m)	[karga'ðor]
estilista (m)	diseñador (m) de moda	[disenja'ðor de 'moða]
modelo (f)	modelo (f)	[mo'ðelʲo]

112. Ocupações. Estatuto social

estudante (~ de escola)	escolar (m)	[esko'lʲar]
estudante (~ universitária)	estudiante (m)	[estu'ðjante]
filósofo (m)	filósofo (m)	[fi'lʲosofo]
economista (m)	economista (m)	[ekono'mista]
inventor (m)	inventor (m)	[imben'tor]
desempregado (m)	desempleado (m)	[desemple'aðo]
aposentado (m)	jubilado (m)	[χuβi'lʲaðo]
espião (m)	espía (m)	[es'pia]
preso, prisioneiro (m)	prisionero (m)	[prisjo'nero]
grevista (m)	huelguista (m)	[uel'ʲgista]
burocrata (m)	burócrata (m)	[bu'rokrata]
viajante (m)	viajero (m)	[bja'χero]
homossexual (m)	homosexual (m)	[omoseksu'alʲ]
hacker (m)	hacker (m)	['aker]
hippie (m, f)	hippie (m)	['χipi]
bandido (m)	bandido (m)	[ban'diðo]
assassino (m)	sicario (m)	[si'kario]
drogado (m)	drogadicto (m)	[droɣ·a'ðikto]
traficante (m)	narcotraficante (m)	[narko·trafi'kante]
prostituta (f)	prostituta (f)	[prosti'tuta]
cafetão (m)	chulo (m), proxeneta (m)	['ʧulʲo], [prokse'neta]
bruxo (m)	brujo (m)	['bruχo]
bruxa (f)	bruja (f)	['bruχa]
pirata (m)	pirata (m)	[pi'rata]
escravo (m)	esclavo (m)	[es'klʲaβo]
samurai (m)	samurai (m)	[samu'raj]
selvagem (m)	salvaje (m)	[salʲ'βaχe]

Desportos

esportista (m)	deportista (m)	[depor'tista]
tipo (m) de esporte	tipo (m) de deporte	['tipo de de'porte]
basquete (m)	baloncesto (m)	[baʎon'θesto]
jogador (m) de basquete	baloncestista (m)	[baʎonθes'tista]
beisebol (m)	béisbol (m)	['bejsβolʲ]
jogador (m) de beisebol	beisbolista (m)	[bejsβo'lista]
futebol (m)	fútbol (m)	['futβolʲ]
jogador (m) de futebol	futbolista (m)	[futβo'lista]
goleiro (m)	portero (m)	[por'tero]
hóquei (m)	hockey (m)	['χokej]
jogador (m) de hóquei	jugador (m) de hockey	[χuga'ðor de 'χokej]
vôlei (m)	voleibol (m)	[bolej'βolʲ]
jogador (m) de vôlei	voleibolista (m)	[bolejβo'lista]
boxe (m)	boxeo (m)	[bo'kseo]
boxeador (m)	boxeador (m)	[boksea'ðor]
luta (f)	lucha (f)	['ʎutʃa]
lutador (m)	luchador (m)	[ʎutʃa'ðor]
caratê (m)	kárate (m)	['karate]
carateca (m)	karateka (m)	[kara'teka]
judô (m)	judo (m)	['juðo]
judoca (m)	judoka (m)	[ju'ðoka]
tênis (m)	tenis (m)	['tenis]
tenista (m)	tenista (m)	[te'nista]
natação (f)	natación (f)	[nata'θjon]
nadador (m)	nadador (m)	[naða'ðor]
esgrima (f)	esgrima (f)	[ez'ɣrima]
esgrimista (m)	esgrimidor (m)	[ezɣrimi'ðor]
xadrez (m)	ajedrez (m)	[aχe'ðreθ]
jogador (m) de xadrez	ajedrecista (m)	[aχeðre'θista]
alpinismo (m)	alpinismo (m)	[alʲpi'nismo]
alpinista (m)	alpinista (m)	[alʲpi'nista]
corrida (f)	carrera (f)	[ka'rera]

corredor (m)	corredor (m)	[kore'ðor]
atletismo (m)	atletismo (m)	[atle'tismo]
atleta (m)	atleta (m)	[at'leta]

hipismo (m)	deporte (m) hípico	[de'porte 'χipiko]
cavaleiro (m)	jinete (m)	[χi'nete]

patinação (f) artística	patinaje (m) artístico	[pati'naχe ar'tistiko]
patinador (m)	patinador (m)	[patina'ðor]
patinadora (f)	patinadora (f)	[patina'ðora]

halterofilismo (m)	levantamiento (m) de pesas	[leβanta'mjento de 'pesas]
halterofilista (m)	levantador (m) de pesas	[leβanta'ðor de 'pesas]
corrida (f) de carros	carreras (f pl) de coches	[ka'reras de 'kotʃes]
piloto (m)	piloto (m) de carreras	[pi'lʲoto de ka'reras]

ciclismo (m)	ciclismo (m)	[θik'lismo]
ciclista (m)	ciclista (m)	[θik'lista]

salto (m) em distância	salto (m) de longitud	['salʲto de lʲonχi'tuð]
salto (m) com vara	salto (m) con pértiga	['salʲto kon 'pertiga]
atleta (m) de saltos	saltador (m)	[salʲta'ðor]

114. Tipos de desportos. Diversos

futebol (m) americano	fútbol (m) americano	['futβolʲ ameri'kano]
badminton (m)	bádminton (m)	['baðminton]
biatlo (m)	biatlón (m)	[biat'lʲon]
bilhar (m)	billar (m)	[bi'jar]

bobsled (m)	bobsleigh (m)	['boβslej]
musculação (f)	culturismo (m)	[kulʲtu'rismo]
polo (m) aquático	waterpolo (m)	[water'polʲo]
handebol (m)	balonmano (m)	[balʲon'mano]
golfe (m)	golf (m)	[golʲf]

remo (m)	remo (m)	['remo]
mergulho (m)	buceo (m)	[bu'θeo]
corrida (f) de esqui	esquí (m) de fondo	[es'ki de 'fondo]
tênis (m) de mesa	tenis (m) de mesa	['tenis de 'mesa]

vela (f)	vela (f)	['belʲa]
rali (m)	rally (m)	['rali]
rúgbi (m)	rugby (m)	['ruχβi]
snowboard (m)	snowboard (m)	[eznow'βorðıŋ]
arco-e-flecha (m)	tiro (m) con arco	['tiro kon 'arko]

115. Ginásio

barra (f)	barra (f) de pesas	['bara de 'pesas]
halteres (m pl)	pesas (f pl)	['pesas]
aparelho (m) de musculação	aparato (m) de ejercicios	[apa'rato de eχer'θiθjos]

bicicleta (f) ergométrica	bicicleta (f) estática	[biθik'leta es'tatika]
esteira (f) de corrida	cinta (f) de correr	['θinta de ko'rer]
barra (f) fixa	barra (f) fija	['bara 'fiχa]
barras (f pl) paralelas	barras (f pl) paralelas	['baras para'leli̯as]
cavalo (m)	potro (m)	['potro]
tapete (m) de ginástica	colchoneta (f)	[kolˈʧoʻneta]
corda (f) de saltar	comba (f)	['komba]
aeróbica (f)	aeróbica (f)	[ae'roβika]
ioga, yoga (f)	yoga (m)	['joga]

116. Desportos. Diversos

Jogos (m pl) Olímpicos	Juegos (m pl) Olímpicos	[χu'egos o'limpikos]
vencedor (m)	vencedor (m)	[benθe'ðor]
vencer (vi)	vencer (vi)	[ben'θer]
vencer (vi, vt)	ganar (vi)	[ga'nar]
líder (m)	líder (m)	['liðer]
liderar (vt)	liderar (vt)	[liðe'rar]
primeiro lugar (m)	primer puesto (m)	[pri'mer pu'esto]
segundo lugar (m)	segundo puesto (m)	[se'gundo pu'esto]
terceiro lugar (m)	tercer puesto (m)	[ter'θer pu'esto]
medalha (f)	medalla (f)	[me'ðaja]
troféu (m)	trofeo (m)	[tro'feo]
taça (f)	copa (f)	['kopa]
prêmio (m)	premio (m)	['premio]
prêmio (m) principal	premio (m) principal	['premio prinθi'pali̯]
recorde (m)	record (m)	['rekorð]
estabelecer um recorde	establecer un record	[estaβle'θer un 'rekorð]
final (m)	final (m)	[fi'nali̯]
final (adj)	de final (adj)	[de fi'nali̯]
campeão (m)	campeón (m)	[kampe'on]
campeonato (m)	campeonato (m)	[kampeo'nato]
estádio (m)	estadio (m)	[es'taðio]
arquibancadas (f pl)	gradería (f)	[graðe'ria]
fã, torcedor (m)	hincha (m)	['inʧa]
adversário (m)	adversario (m)	[aðβer'sario]
partida (f)	arrancadero (m)	[araŋka'ðero]
linha (f) de chegada	línea (f) de meta	['linea de 'meta]
derrota (f)	derrota (f)	[de'rota]
perder (vt)	perder (vi)	[per'ðer]
árbitro, juiz (m)	árbitro (m)	['arβitro]
júri (m)	jurado (m)	[χu'raðo]

resultado (m)	cuenta (f)	[ku'enta]
empate (m)	empate (m)	[em'pate]
empatar (vi)	empatar (vi)	[empa'tar]
ponto (m)	punto (m)	['punto]
resultado (m) final	resultado (m)	[resulⁱ'taðo]

tempo (m)	tiempo (m)	['tjempo]
intervalo (m)	descanso (m)	[des'kanso]
doping (m)	droga (f), doping (m)	['droga], ['dopin]
penalizar (vt)	penalizar (vt)	[penali'θar]
desqualificar (vt)	descalificar (vt)	[deskalifi'kar]

aparelho, aparato (m)	aparato (m)	[apa'rato]
dardo (m)	jabalina (f)	[χaβa'lina]
peso (m)	peso (m)	['peso]
bola (f)	bola (f)	['bolʲa]

alvo, objetivo (m)	objetivo (m)	[oβχe'tiβo]
alvo (~ de papel)	blanco (m)	['blʲaŋko]
disparar, atirar (vi)	tirar (vi)	[ti'rar]
preciso (tiro ~)	preciso (adj)	[pre'θiso]

treinador (m)	entrenador (m)	[entrena'ðor]
treinar (vt)	entrenar (vt)	[entre'nar]
treinar-se (vr)	entrenarse (vr)	[entre'narse]
treino (m)	entrenamiento (m)	[entrena'mjento]

academia (f) de ginástica	gimnasio (m)	[χim'nasio]
exercício (m)	ejercicio (m)	[eχer'θiθio]
aquecimento (m)	calentamiento (m)	[kalenta'mjento]

Educação

escola (f)	escuela (f)	[esku'eⁱa]
diretor (m) de escola	director (m) de escuela	[direk'tor de esku'eⁱa]
aluno (m)	alumno (m)	[a'lⁱumno]
aluna (f)	alumna (f)	[a'lⁱumna]
estudante (m)	escolar (m)	[esko'lⁱar]
estudante (f)	escolar (f)	[esko'lⁱar]
ensinar (vt)	enseñar (vt)	[ense'njar]
aprender (vt)	aprender (vt)	[apren'der]
decorar (vt)	aprender de memoria	[apren'der de me'moria]
estudar (vi)	aprender (vt)	[apren'der]
estar na escola	estar en la escuela	[es'tar en lⁱa esku'eⁱa]
ir à escola	ir a la escuela	[ir a lⁱa esku'eⁱa]
alfabeto (m)	alfabeto (m)	[alⁱfa'βeto]
disciplina (f)	materia (f)	[ma'teria]
sala (f) de aula	aula (f)	[aulⁱa]
lição, aula (f)	lección (f)	[lek'θjon]
recreio (m)	recreo (m)	[re'kreo]
toque (m)	campana (f)	[kam'pana]
classe (f)	pupitre (m)	[pu'pitre]
quadro (m) negro	pizarra (f)	[pi'θara]
nota (f)	nota (f)	['nota]
boa nota (f)	buena nota (f)	[bu'ena 'nota]
nota (f) baixa	mala nota (f)	['malⁱa 'nota]
dar uma nota	poner una nota	[po'ner 'una 'nota]
erro (m)	falta (f)	['falⁱta]
errar (vi)	hacer faltas	[a'θer 'falⁱtas]
corrigir (~ um erro)	corregir (vt)	[kore'χir]
cola (f)	chuleta (f)	[ʧu'leta]
dever (m) de casa	deberes (m pl) de casa	[de'βeres de 'kasa]
exercício (m)	ejercicio (m)	[eχer'θiθio]
estar presente	estar presente	[es'tar pre'sente]
estar ausente	estar ausente	[es'tar au'sente]
faltar às aulas	faltar a las clases	[falⁱ'tar a lⁱas 'klⁱases]
punir (vt)	castigar (vt)	[kasti'gar]
punição (f)	castigo (m)	[kas'tigo]
comportamento (m)	conducta (f)	[kon'dukta]

boletim (m) escolar	libreta (f) de notas	[li'βreta de 'notas]
lápis (m)	lápiz (m)	['lʲapiθ]
borracha (f)	goma (f) de borrar	['goma de bo'rar]
giz (m)	tiza (f)	['tiθa]
porta-lápis (m)	cartuchera (f)	[kartu'tʃera]
mala, pasta, mochila (f)	mochila (f)	[mo'tʃilʲa]
caneta (f)	bolígrafo (m)	[bo'liɣrafo]
caderno (m)	cuaderno (m)	[kua'ðerno]
livro (m) didático	manual (m)	[manu'alʲ]
compasso (m)	compás (m)	[kom'pas]
traçar (vt)	trazar (vi, vt)	[tra'θar]
desenho (m) técnico	dibujo (m) técnico	[di'βuχo 'tekniko]
poesia (f)	poema (m), poesía (f)	[po'ema], [poe'sia]
de cor	de memoria (adv)	[de me'moria]
decorar (vt)	aprender de memoria	[apren'der de me'moria]
férias (f pl)	vacaciones (f pl)	[baka'θjones]
estar de férias	estar de vacaciones	[es'tar de baka'θjones]
passar as férias	pasar las vacaciones	[pa'sar lʲas baka'θjones]
teste (m), prova (f)	prueba (f) escrita	[pru'eβa es'krita]
redação (f)	composición (f)	[komposi'θjon]
ditado (m)	dictado (m)	[dik'taðo]
exame (m), prova (f)	examen (m)	[e'ksamen]
fazer prova	hacer un examen	[a'θer un e'ksamen]
experiência (~ química)	experimento (m)	[eksperi'mento]

118. Colégio. Universidade

academia (f)	academia (f)	[aka'ðemia]
universidade (f)	universidad (f)	[uniβersi'ðað]
faculdade (f)	facultad (f)	[fakulʲ'tað]
estudante (m)	estudiante (m)	[estu'ðjante]
estudante (f)	estudiante (f)	[estu'ðjante]
professor (m)	profesor (m)	[profe'sor]
auditório (m)	aula (f)	['aulʲa]
graduado (m)	graduado (m)	[graðu'aðo]
diploma (m)	diploma (m)	[di'plʲoma]
tese (f)	tesis (f) de grado	['tesis de 'graðo]
estudo (obra)	estudio (m)	[es'tuðio]
laboratório (m)	laboratorio (m)	[lʲaβora'torio]
palestra (f)	clase (f)	['klʲase]
colega (m) de curso	compañero (m) de curso	[kompa'njero de 'kurso]
bolsa (f) de estudos	beca (f)	['beka]
grau (m) acadêmico	grado (m) académico	['graðo aka'ðemiko]

119. Ciências. Disciplinas

matemática (f)	matemáticas (f pl)	[mate'matikas]
álgebra (f)	álgebra (f)	['alχeβra]
geometria (f)	geometría (f)	[χeome'tria]
astronomia (f)	astronomía (f)	[astrono'mia]
biologia (f)	biología (f)	[bioľo'χia]
geografia (f)	geografía (f)	[χeoɣra'fia]
geologia (f)	geología (f)	[χeoľo'χia]
história (f)	historia (f)	[is'toria]
medicina (f)	medicina (f)	[meði'θina]
pedagogia (f)	pedagogía (f)	[peðago'χia]
direito (m)	derecho (m)	[de'reʧo]
física (f)	física (f)	['fisika]
química (f)	química (f)	['kimika]
filosofia (f)	filosofía (f)	[fiľoso'fia]
psicologia (f)	psicología (f)	[sikoľo'χia]

120. Sistema de escrita. Ortografia

gramática (f)	gramática (f)	[gra'matika]
vocabulário (m)	vocabulario (m)	[bokaβu'ľario]
fonética (f)	fonética (f)	[fo'netika]
substantivo (m)	sustantivo (m)	[sustan'tiβo]
adjetivo (m)	adjetivo (m)	[aðχe'tiβo]
verbo (m)	verbo (m)	['berβo]
advérbio (m)	adverbio (m)	[að'βerβio]
pronome (m)	pronombre (m)	[pro'nombre]
interjeição (f)	interjección (f)	[interχek'θjon]
preposição (f)	preposición (f)	[preposi'θjon]
raiz (f)	raíz (f), radical (m)	[ra'iθ], [raði'kaľ]
terminação (f)	desinencia (f)	[desi'nenθia]
prefixo (m)	prefijo (m)	[pre'fiχo]
sílaba (f)	sílaba (f)	['siľaβa]
sufixo (m)	sufijo (m)	[su'fiχo]
acento (m)	acento (m)	[a'θento]
apóstrofo (f)	apóstrofo (m)	[a'postrofo]
ponto (m)	punto (m)	['punto]
vírgula (f)	coma (m)	['koma]
ponto e vírgula (m)	punto y coma	['punto i 'koma]
dois pontos (m pl)	dos puntos (m pl)	[dos 'puntos]
reticências (f pl)	puntos (m pl) suspensivos	['puntos suspen'siβos]
ponto (m) de interrogação	signo (m) de interrogación	['siɣno de interoga'θjon]
ponto (m) de exclamação	signo (m) de admiración	['siɣno de aðmira'θjon]

aspas (f pl)	comillas (f pl)	[koˈmijas]
entre aspas	entre comillas	[ˈentre koˈmijas]
parênteses (m pl)	paréntesis (m)	[paˈrentesis]
entre parênteses	entre paréntesis	[ˈentre paˈrentesis]
hífen (m)	guión (m)	[giˈjon]
travessão (m)	raya (f)	[ˈraja]
espaço (m)	blanco (m)	[ˈblʲaŋko]
letra (f)	letra (f)	[ˈletra]
letra (f) maiúscula	letra (f) mayúscula	[ˈletra maˈjuskulʲa]
vogal (f)	vocal (f)	[boˈkalʲ]
consoante (f)	consonante (m)	[konsoˈnante]
frase (f)	oración (f)	[oraˈθjon]
sujeito (m)	sujeto (m)	[suˈχeto]
predicado (m)	predicado (m)	[preðiˈkaðo]
linha (f)	línea (f)	[ˈlinea]
em uma nova linha	en una nueva línea	[en ˈuna nuˈeβa ˈlinea]
parágrafo (m)	párrafo (m)	[ˈparafo]
palavra (f)	palabra (f)	[paˈlʲaβra]
grupo (m) de palavras	combinación (f) de palabras	[kombinaˈθjon de paˈlʲaβras]
expressão (f)	expresión (f)	[ekspreˈθjon]
sinônimo (m)	sinónimo (m)	[siˈnonimo]
antônimo (m)	antónimo (m)	[anˈtonimo]
regra (f)	regla (f)	[ˈreɣlʲa]
exceção (f)	excepción (f)	[ekθepˈθjon]
correto (adj)	correcto (adj)	[koˈrekto]
conjugação (f)	conjugación (f)	[konχugaˈθjon]
declinação (f)	declinación (f)	[deklinaˈθjon]
caso (m)	caso (m)	[ˈkaso]
pergunta (f)	pregunta (f)	[preˈgunta]
sublinhar (vt)	subrayar (vt)	[suβraˈjar]
linha (f) pontilhada	línea (f) de puntos	[ˈlinea de ˈpuntos]

121. Línguas estrangeiras

língua (f)	lengua (f)	[ˈlengua]
estrangeiro (adj)	extranjero (adj)	[ekstranˈχero]
língua (f) estrangeira	lengua (f) extranjera	[ˈlengua ekstranˈχera]
estudar (vt)	estudiar (vt)	[estuˈðjar]
aprender (vt)	aprender (vt)	[aprenˈder]
ler (vt)	leer (vi, vt)	[leˈer]
falar (vi)	hablar (vi, vt)	[aˈβlʲar]
entender (vt)	comprender (vt)	[komprenˈder]
escrever (vt)	escribir (vt)	[eskriˈβir]
rapidamente	rápidamente (adv)	[ˈrapiðaˈmente]
devagar, lentamente	lentamente (adv)	[lentaˈmente]

fluentemente	con fluidez (adv)	[kon flʲui'ðeθ]
regras (f pl)	reglas (f pl)	['reɣlʲas]
gramática (f)	gramática (f)	[gra'matika]
vocabulário (m)	vocabulario (m)	[bokaβu'lʲario]
fonética (f)	fonética (f)	[fo'netika]

livro (m) didático	manual (m)	[manu'alʲ]
dicionário (m)	diccionario (m)	[dikθjo'nario]
manual (m) autodidático	manual (m) autodidáctico	[manu'alʲ autoði'ðaktiko]
guia (m) de conversação	guía (f) de conversación	['gia de kombersa'θjon]

fita (f) cassete	casete (m)	[ka'sete]
videoteipe (m)	videocasete (f)	[biðeo·ka'sete]
CD (m)	disco compacto (m)	['disko kom'pakto]
DVD (m)	DVD (m)	[deβe'de]

alfabeto (m)	alfabeto (m)	[alʲfa'βeto]
soletrar (vt)	deletrear (vt)	[deletre'ar]
pronúncia (f)	pronunciación (f)	[pronunθja'θjon]

sotaque (m)	acento (m)	[a'θento]
com sotaque	con acento	[kon a'θento]
sem sotaque	sin acento	[sin a'θento]

| palavra (f) | palabra (f) | [pa'lʲaβra] |
| sentido (m) | significado (m) | [siɣnifi'kaðo] |

curso (m)	cursos (m pl)	['kursos]
inscrever-se (vr)	inscribirse (vr)	[inskri'βirse]
professor (m)	profesor (m)	[profe'sor]

tradução (processo)	traducción (f)	[traðuk'θjon]
tradução (texto)	traducción (f)	[traðuk'θjon]
tradutor (m)	traductor (m)	[traðuk'tor]
intérprete (m)	intérprete (m)	[in'terprete]

| poliglota (m) | políglota (m) | [po'liɣlʲota] |
| memória (f) | memoria (f) | [me'moria] |

122. Personagens de contos de fadas

Papai Noel (m)	Papá Noel (m)	[pa'pa no'elʲ]
Cinderela (f)	Cenicienta (f)	[θeni'θjenta]
sereia (f)	sirena (f)	[si'rena]
Netuno (m)	Neptuno	[nep'tuno]

bruxo, feiticeiro (m)	mago (m)	['mago]
fada (f)	maga (f)	['maga]
mágico (adj)	mágico (adj)	['maxiko]
varinha (f) mágica	varita (f) mágica	[ba'rita 'maxika]

conto (m) de fadas	cuento (m) de hadas	[ku'ento de 'aðas]
milagre (m)	milagro (m)	[mi'lʲaɣro]
anão (m)	enano (m)	[e'nano]

transformar-se em ...	transformarse en ...	[transfor'marse en]
fantasma (m)	fantasma (m)	[fan'tasma]
fantasma (m)	espíritu (m)	[es'piritu]
monstro (m)	monstruo (m)	['monstruo]
dragão (m)	dragón (m)	[dra'ɣon]
gigante (m)	gigante (m)	[χi'gante]

123. Signos do Zodíaco

Áries (f)	Aries (m)	['aries]
Touro (m)	Tauro (m)	['tauro]
Gêmeos (m pl)	Géminis (m pl)	['χeminis]
Câncer (m)	Cáncer (m)	['kanθer]
Leão (m)	Leo (m)	['leo]
Virgem (f)	Virgo (m)	['birgo]

Libra (f)	Libra (f)	['liβra]
Escorpião (m)	Escorpio (m)	[es'korpio]
Sagitário (m)	Sagitario (m)	[saχi'tario]
Capricórnio (m)	Capricornio (m)	[kapri'kornio]
Aquário (m)	Acuario (m)	[aku'ario]
Peixes (pl)	Piscis (m pl)	['piθis]

caráter (m)	carácter (m)	[ka'rakter]
traços (m pl) do caráter	rasgos (m pl) de carácter	['rasgos de ka'rakter]
comportamento (m)	conducta (f)	[kon'dukta]
prever a sorte	decir la buenaventura	[de'θir lʲa buenaβen'tura]
adivinha (f)	adivinadora (f)	[aðiβina'ðora]
horóscopo (m)	horóscopo (m)	[o'roskopo]

Artes

teatro (m)	teatro (m)	[te'atro]
ópera (f)	ópera (f)	['opera]
opereta (f)	opereta (f)	[ope'reta]
balé (m)	ballet (m)	[ba'let]
cartaz (m)	cartelera (f)	[karte'lera]
companhia (f) de teatro	compañía (f)	[kompa'njia]
turnê (f)	gira (f) artística	['χira ar'tistika]
estar em turnê	hacer una gira artística	[a'θer una 'χira ar'tistika]
ensaiar (vt)	ensayar (vi, vt)	[ensa'jar]
ensaio (m)	ensayo (m)	[en'sajo]
repertório (m)	repertorio (m)	[reper'torio]
apresentação (f)	representación (f)	[representa'θjon]
espetáculo (m)	espectáculo (m)	[espek'takulʲo]
peça (f)	pieza (f) de teatro	['pjeθa de te'atro]
entrada (m)	billet (m)	[bi'je]
bilheteira (f)	taquilla (f)	[ta'kija]
hall (m)	vestíbulo (m)	[bes'tiβulʲo]
vestiário (m)	guardarropa (f)	[guarða'ropa]
senha (f) numerada	ficha (f) de guardarropa	['fitʃa de guarða'ropa]
binóculo (m)	gemelos (m pl)	[χe'melʲos]
lanterninha (m)	acomodador (m)	[akomoða'ðor]
plateia (f)	patio (m) de butacas	['patjo de bu'takas]
balcão (m)	balconcillo (m)	[balkon'θijo]
primeiro balcão (m)	entresuelo (m)	[entresu'elʲo]
camarote (m)	palco (m)	['palʲko]
fila (f)	fila (f)	['filʲa]
assento (m)	asiento (m)	[a'sjento]
público (m)	público (m)	['puβliko]
espectador (m)	espectador (m)	[espekta'ðor]
aplaudir (vt)	aplaudir (vi, vt)	[aplʲau'ðir]
aplauso (m)	aplausos (m pl)	[ap'lʲausos]
ovação (f)	ovación (f)	[oβa'θjon]
palco (m)	escenario (m)	[eθe'nario]
cortina (f)	telón (m)	[te'lʲon]
cenário (m)	decoración (f)	[dekora'θjon]
bastidores (m pl)	bastidores (m pl)	[basti'ðores]
cena (f)	escena (f)	[eθ'sena]
ato (m)	acto (m)	['akto]
intervalo (m)	entreacto (m)	[entre'akto]

125. Cinema

ator (m)	actor (m)	[ak'tor]
atriz (f)	actriz (f)	[ak'triθ]
cinema (m)	cine (m)	['θine]
filme (m)	película (f)	[pe'likulʲa]
episódio (m)	episodio (m)	[epi'soðio]
filme (m) policial	película (f) policíaca	[pe'likulʲa poli'θiaka]
filme (m) de ação	película (f) de acción	[pe'likulʲa de ak'θjon]
filme (m) de aventuras	película (f) de aventura	[pe'likulʲa de aβen'tura]
filme (m) de ficção científica	película (f) de ciencia ficción	[pe'likul?a de '?jen?ia fik'?jon]
filme (m) de horror	película (f) de horror	[pe'likulʲa de o'ror]
comédia (f)	película (f) cómica	[pe'likulʲa 'komika]
melodrama (m)	melodrama (m)	[melʲo'ðrama]
drama (m)	drama (m)	['drama]
filme (m) de ficção	película (f) de ficción	[pe'likulʲa de fik'θjon]
documentário (m)	documental (m)	[dokumen'talʲ]
desenho (m) animado	dibujos (m pl) animados	[di'βuχos ani'maðos]
cinema (m) mudo	cine (m) mudo	['θine 'muðo]
papel (m)	papel (m)	[pa'pelʲ]
papel (m) principal	papel (m) principal	[pa'pelʲ prinθi'palʲ]
representar (vt)	interpretar (vt)	[interpre'tar]
estrela (f) de cinema	estrella (f) de cine	[es'treja de 'θine]
conhecido (adj)	conocido (adj)	[kono'θiðo]
famoso (adj)	famoso (adj)	[fa'moso]
popular (adj)	popular (adj)	[popu'lʲar]
roteiro (m)	guión (m) de cine	[gi'jon de 'θine]
roteirista (m)	guionista (m)	[gijo'nista]
diretor (m) de cinema	director (m) de cine	[direk'tor de 'θine]
produtor (m)	productor (m)	[proðuk'tor]
assistente (m)	asistente (m)	[asis'tente]
diretor (m) de fotografia	operador (m) de cámara	[opera'ðor de 'kamara]
dublê (m)	doble (m) de riesgo	['doβle de 'rjesgo]
dublê (m) de corpo	doble (m)	['doβle]
filmar (vt)	filmar una película	[filʲ'mar una pe'likulʲa]
audição (f)	audición (f)	[auði'θjon]
filmagem (f)	rodaje (m)	[ro'ðaχe]
equipe (f) de filmagem	equipo (m) de rodaje	[e'kipo de ro'ðaχe]
set (m) de filmagem	plató (m) de rodaje	[plʲa'to de ro'ðaχe]
câmera (f)	cámara (f)	['kamara]
cinema (m)	cine (m)	['θine]
tela (f)	pantalla (f)	[pan'taja]
exibir um filme	mostrar la película	[mos'trar lʲa pe'likulʲa]
trilha (f) sonora	pista (f) sonora	['pista so'nora]
efeitos (m pl) especiais	efectos (m pl) especiales	[e'fektos espe'θjales]

legendas (f pl)	subtítulos (m pl)	[suβ'titulʲos]
crédito (m)	créditos (m pl)	['kreðitos]
tradução (f)	traducción (f)	[traðuk'θjon]

126. Pintura

arte (f)	arte (m)	['arte]
belas-artes (f pl)	bellas artes (f pl)	['bejas 'artes]
galeria (f) de arte	galería (f) de arte	[gale'ria de 'arte]
exibição (f) de arte	exposición (f) de arte	[eksposi'θjon de 'arte]
pintura (f)	pintura (f)	[pin'tura]
arte (f) gráfica	gráfica (f)	['grafika]
arte (f) abstrata	abstraccionismo (m)	[aβstrakθjo'nismo]
impressionismo (m)	impresionismo (m)	[impresjo'nismo]
pintura (f), quadro (m)	pintura (f)	[pin'tura]
desenho (m)	dibujo (m)	[di'βuχo]
cartaz, pôster (m)	pancarta (f)	[paŋ'karta]
ilustração (f)	ilustración (f)	[ilʲustra'θjon]
miniatura (f)	miniatura (f)	[minia'tura]
cópia (f)	copia (f)	['kopia]
reprodução (f)	reproducción (f)	[reproðuk'θjon]
mosaico (m)	mosaico (m)	[mo'saiko]
vitral (m)	vitral (m)	[bi'tralʲ]
afresco (m)	fresco (m)	['fresko]
gravura (f)	grabado (m)	[gra'βaðo]
busto (m)	busto (m)	['busto]
escultura (f)	escultura (f)	[eskulʲ'tura]
estátua (f)	estatua (f)	[es'tatua]
gesso (m)	yeso (m)	['jeso]
em gesso (adj)	en yeso (adj)	[en 'jeso]
retrato (m)	retrato (m)	[re'trato]
autorretrato (m)	autorretrato (m)	[autore'trato]
paisagem (f)	paisaje (m)	[paj'saχe]
natureza (f) morta	naturaleza (f) muerta	[natura'leθa mu'erta]
caricatura (f)	caricatura (f)	[karika'tura]
esboço (m)	boceto (m)	[bo'θeto]
tinta (f)	pintura (f)	[pin'tura]
aquarela (f)	acuarela (f)	[akua'relʲa]
tinta (f) a óleo	óleo (m)	['oleo]
lápis (m)	lápiz (m)	['lʲapiθ]
tinta (f) nanquim	tinta (f) china	['tinta 'tʃina]
carvão (m)	carboncillo (m)	[karβon'θijo]
desenhar (vt)	dibujar (vi, vt)	[diβu'χar]
pintar (vt)	pintar (vi, vt)	[pin'tar]
posar (vi)	posar (vi)	[po'sar]
modelo (m)	modelo (m)	[mo'ðelʲo]

modelo (f)	modelo (f)	[mo'ðeljo]
pintor (m)	pintor (m)	[pin'tor]
obra (f)	obra (f) de arte	['oβra de 'arte]
obra-prima (f)	obra (f) maestra	['oβra ma'estra]
estúdio (m)	estudio (m)	[es'tuðio]
tela (f)	lienzo (m)	['ljenθo]
cavalete (m)	caballete (m)	[kaβa'jete]
paleta (f)	paleta (f)	[pa'leta]
moldura (f)	marco (m)	['marko]
restauração (f)	restauración (f)	[restaura'θjon]
restaurar (vt)	restaurar (vt)	[restau'rar]

127. Literatura & Poesia

literatura (f)	literatura (f)	[litera'tura]
autor (m)	autor (m)	[au'tor]
pseudônimo (m)	seudónimo (m)	[seu'ðonimo]
livro (m)	libro (m)	['liβro]
volume (m)	tomo (m)	['tomo]
índice (m)	tabla (f) de contenidos	['taβlja de konte'niðos]
página (f)	página (f)	['paχina]
protagonista (m)	héroe (m) principal	['eroe prinθi'palj]
autógrafo (m)	autógrafo (m)	[au'toɣrafo]
conto (m)	relato (m) corto	[re'ljato 'korto]
novela (f)	cuento (m)	[ku'ento]
romance (m)	novela (f)	[no'βelja]
obra (f)	obra (f) literaria	['oβra lite'raria]
fábula (m)	fábula (f)	['faβulja]
romance (m) policial	novela (f) policíaca	[no'βelja poli'θiaka]
verso (m)	verso (m)	['berso]
poesia (f)	poesía (f)	[poe'sia]
poema (m)	poema (m)	[po'ema]
poeta (m)	poeta (m)	[po'eta]
ficção (f)	bellas letras (f pl)	['bejas 'letras]
ficção (f) científica	ciencia ficción (f)	['θjenθia fik'θjon]
aventuras (f pl)	aventuras (f pl)	[aβen'turas]
literatura (f) didática	literatura (f) didáctica	[litera'tura di'ðaktika]
literatura (f) infantil	literatura (f) infantil	[litera'tura iɱfan'tilj]

128. Circo

circo (m)	circo (m)	['θirko]
circo (m) ambulante	circo (m) ambulante	['θirko ambu'ljante]
programa (m)	programa (m)	[pro'ɣrama]
apresentação (f)	representación (f)	[representa'θjon]
número (m)	número (m)	['numero]

picadeiro (f)	arena (f)	[a'rena]
pantomima (f)	pantomima (f)	[panto'mima]
palhaço (m)	payaso (m)	[pa'jaso]

acrobata (m)	acróbata (m)	[a'kroβata]
acrobacia (f)	acrobacia (f)	[akro'βaθia]
ginasta (m)	gimnasta (m)	[χim'nasta]
ginástica (f)	gimnasia (f) acrobática	[χim'nasia akro'βatika]
salto (m) mortal	salto (m)	['salʲto]

homem (m) forte	forzudo (m)	[for'θuðo]
domador (m)	domador (m)	[doma'ðor]
cavaleiro (m) equilibrista	caballista (m)	[kaβa'jista]
assistente (m)	asistente (m)	[asis'tente]

truque (m)	truco (m)	['truko]
truque (m) de mágica	truco (m) de magia	['truko de 'maχia]
ilusionista (m)	ilusionista (m)	[ilʲusjo'nista]

malabarista (m)	malabarista (m)	[malʲaβa'rista]
fazer malabarismos	malabarear (vt)	[malʲaβare'ar]
adestrador (m)	amaestrador (m)	[amaestra'ðor]
adestramento (m)	amaestramiento (m)	[amaestra'mjento]
adestrar (vt)	amaestrar (vt)	[amaes'trar]

129. Música. Música popular

música (f)	música (f)	['musika]
músico (m)	músico (m)	['musiko]
instrumento (m) musical	instrumento (m) musical	[instru'mento musi'kalʲ]
tocar ...	tocar ...	[to'kar]

guitarra (f)	guitarra (f)	[gi'tara]
violino (m)	violín (m)	[bio'lin]
violoncelo (m)	violonchelo (m)	[biolʲon'tʃelʲo]
contrabaixo (m)	contrabajo (m)	[kontra'βaχo]
harpa (f)	arpa (f)	['arpa]

piano (m)	piano (m)	['pjano]
piano (m) de cauda	piano (m) de cola	['pjano de 'kolʲa]
órgão (m)	órgano (m)	['organo]

instrumentos (m pl) de sopro	instrumentos (m pl) de viento	[instru'mentos de 'bjento]
oboé (m)	oboe (m)	[o'βoe]
saxofone (m)	saxofón (m)	[sakso'fon]
clarinete (m)	clarinete (m)	[klʲari'nete]
flauta (f)	flauta (f)	['flʲauta]
trompete (m)	trompeta (f)	[trom'peta]

acordeão (m)	acordeón (m)	[akorðe'on]
tambor (m)	tambor (m)	[tam'bor]

dueto (m)	dúo (m)	['duo]
trio (m)	trío (m)	['trio]

quarteto (m)	cuarteto (m)	[kuar'teto]
coro (m)	coro (m)	['koro]
orquestra (f)	orquesta (f)	[or'kesta]

música (f) pop	música (f) pop	['musika pop]
música (f) rock	música (f) rock	['musika rok]
grupo (m) de rock	grupo (m) de rock	['grupo de rok]
jazz (m)	jazz (m)	[dʒ'as]

| ídolo (m) | ídolo (m) | ['iðolʲo] |
| fã, admirador (m) | admirador (m) | [aðmira'ðor] |

concerto (m)	concierto (m)	[kon'θjerto]
sinfonia (f)	sinfonía (f)	[siɱfo'nia]
composição (f)	composición (f)	[komposi'θjon]
compor (vt)	escribir (vt)	[eskri'βir]

canto (m)	canto (m)	['kanto]
canção (f)	canción (f)	[kan'θjon]
melodia (f)	melodía (f)	[melʲo'ðia]
ritmo (m)	ritmo (m)	['riðmo]
blues (m)	blues (m)	[blʲus]

notas (f pl)	notas (f pl)	['notas]
batuta (f)	batuta (f)	[ba'tuta]
arco (m)	arco (m)	['arko]
corda (f)	cuerda (f)	[ku'erða]
estojo (m)	estuche (m)	[es'tutʃe]

Descanso. Entretenimento. Viagens

130. Viagens

turismo (m)	**turismo** (m)	[tu'rismo]
turista (m)	**turista** (m)	[tu'rista]
viagem (f)	**viaje** (m)	['bjaχe]
aventura (f)	**aventura** (f)	[aβen'tura]
percurso (curta viagem)	**viaje** (m)	['bjaχe]
férias (f pl)	**vacaciones** (f pl)	[baka'θjones]
estar de férias	**estar de vacaciones**	[es'tar de baka'θjones]
descanso (m)	**descanso** (m)	[des'kanso]
trem (m)	**tren** (m)	['tren]
de trem (chegar ~)	**en tren**	[en 'tren]
avião (m)	**avión** (m)	[a'βjon]
de avião	**en avión**	[en a'βjon]
de carro	**en coche**	[en 'kotʃe]
de navio	**en barco**	[en 'barko]
bagagem (f)	**equipaje** (m)	[eki'paχe]
mala (f)	**maleta** (f)	[ma'leta]
carrinho (m)	**carrito** (m) **de equipaje**	[ka'rito de eki'paχe]
passaporte (m)	**pasaporte** (m)	[pasa'porte]
visto (m)	**visado** (m)	[bi'saðo]
passagem (f)	**billete** (m)	[bi'jete]
passagem (f) aérea	**billete** (m) **de avión**	[bi'jete de a'βjon]
guia (m) de viagem	**guía** (f)	['gia]
mapa (m)	**mapa** (m)	['mapa]
área (f)	**área** (f)	['area]
lugar (m)	**lugar** (m)	[lʲu'gar]
exotismo (m)	**exotismo** (m)	[ekso'tismo]
exótico (adj)	**exótico** (adj)	[e'ksotiko]
surpreendente (adj)	**asombroso** (adj)	[asom'broso]
grupo (m)	**grupo** (m)	['grupo]
excursão (f)	**excursión** (f)	[eskur'θjon]
guia (m)	**guía** (m)	['gia]

131. Hotel

hotel (m)	**hotel** (m)	[o'telʲ]
motel (m)	**motel** (m)	[mo'telʲ]
três estrelas	**de tres estrellas**	[de 'tres es'trejas]

cinco estrelas	de cinco estrellas	[de 'θiŋko es'trejas]
ficar (vi, vt)	hospedarse (vr)	[ospe'ðarse]
quarto (m)	habitación (f)	[aβita'θjon]
quarto (m) individual	habitación (f) individual	[aβita'θjon indiβiðu'alʲ]
quarto (m) duplo	habitación (f) doble	[aβita'θjon 'doβle]
reservar um quarto	reservar una habitación	[reser'βar 'una aβita'θjon]
meia pensão (f)	media pensión (f)	['meðia pen'θjon]
pensão (f) completa	pensión (f) completa	[pen'θjon kom'pleta]
com banheira	con baño	[kon 'banjo]
com chuveiro	con ducha	[kon 'duʧa]
televisão (m) por satélite	televisión (f) satélite	[teleβi'θjon sa'telite]
ar (m) condicionado	climatizador (m)	[klimati θa'ðor]
toalha (f)	toalla (f)	[to'aja]
chave (f)	llave (f)	['jaβe]
administrador (m)	administrador (m)	[aðministra'ðor]
camareira (f)	camarera (f)	[kama'rera]
bagageiro (m)	maletero (m)	[male'tero]
porteiro (m)	portero (m)	[por'tero]
restaurante (m)	restaurante (m)	[restau'rante]
bar (m)	bar (m)	[bar]
café (m) da manhã	desayuno (m)	[desa'juno]
jantar (m)	cena (f)	['θena]
bufê (m)	buffet (m) libre	[bu'fet 'liβre]
saguão (m)	vestíbulo (m)	[bes'tiβulʲo]
elevador (m)	ascensor (m)	[aθen'sor]
NÃO PERTURBE	NO MOLESTAR	[no moles'tar]
PROIBIDO FUMAR!	PROHIBIDO FUMAR	[proi'βiðo fu'mar]

132. Livros. Leitura

livro (m)	libro (m)	['liβro]
autor (m)	autor (m)	[au'tor]
escritor (m)	escritor (m)	[eskri'tor]
escrever (~ um livro)	escribir (vt)	[eskri'βir]
leitor (m)	lector (m)	[lek'tor]
ler (vt)	leer (vi, vt)	[le'er]
leitura (f)	lectura (f)	[lek'tura]
para si	en silencio	[en si'lenθio]
em voz alta	en voz alta	[en 'boθ 'alʲta]
publicar (vt)	editar (vt)	[eði'tar]
publicação (f)	edición (f)	[eði'θjon]
editor (m)	editor (m)	[eði'tor]
editora (f)	editorial (f)	[eðito'rjalʲ]
sair (vi)	salir (vt)	[sa'lir]

lançamento (m)	**salida** (f)	[sa'liða]
tiragem (f)	**tirada** (f)	[ti'raða]
livraria (f)	**librería** (f)	[liβre'ria]
biblioteca (f)	**biblioteca** (f)	[biβlio'teka]
novela (f)	**cuento** (m)	[ku'ento]
conto (m)	**relato** (m) **corto**	[re'lʲato 'korto]
romance (m)	**novela** (f)	[no'βelʲa]
romance (m) policial	**novela** (f) **policíaca**	[no'βelʲa poli'θiaka]
memórias (f pl)	**memorias** (f pl)	[me'morias]
lenda (f)	**leyenda** (f)	[le'jenda]
mito (m)	**mito** (m)	['mito]
poesia (f)	**versos** (m pl)	['bersos]
autobiografia (f)	**autobiografía** (f)	[autoβioɣra'fia]
obras (f pl) escolhidas	**obras** (f pl) **escogidas**	['oβras esko'χiðas]
ficção (f) científica	**ciencia ficción** (f)	['θjenθia fik'θjon]
título (m)	**título** (m)	['titulʲo]
introdução (f)	**introducción** (f)	[introðuk'θjon]
folha (f) de rosto	**portada** (f)	[por'taða]
capítulo (m)	**capítulo** (m)	[ka'pitulʲo]
excerto (m)	**extracto** (m)	[eks'trakto]
episódio (m)	**episodio** (m)	[epi'soðio]
enredo (m)	**sujeto** (m)	[su'χeto]
conteúdo (m)	**contenido** (m)	[konte'niðo]
índice (m)	**tabla** (f) **de contenidos**	['taβlʲa de konte'niðos]
protagonista (m)	**héroe** (m) **principal**	['eroe prinθi'palʲ]
volume (m)	**tomo** (m)	['tomo]
capa (f)	**cubierta** (f)	[ku'βjerta]
encadernação (f)	**encuadernado** (m)	[eŋkuaðer'naðo]
marcador (m) de página	**marcador** (m) **de libro**	[marka'ðor de 'liβro]
página (f)	**página** (f)	['paχina]
folhear (vt)	**hojear** (vt)	[oχe'ar]
margem (f)	**márgenes** (m pl)	['marχenes]
anotação (f)	**anotación** (f)	[anota'θjon]
nota (f) de rodapé	**nota** (f) **al pie**	['nota alʲ pje]
texto (m)	**texto** (m)	['teksto]
fonte (f)	**fuente** (f)	[fu'ente]
falha (f) de impressão	**errata** (f)	[e'rata]
tradução (f)	**traducción** (f)	[traðuk'θjon]
traduzir (vt)	**traducir** (vt)	[traðu'θir]
original (m)	**original** (m)	[oriχi'nalʲ]
famoso (adj)	**famoso** (adj)	[fa'moso]
desconhecido (adj)	**desconocido** (adj)	[deskono'θiðo]
interessante (adj)	**interesante** (adj)	[intere'sante]
best-seller (m)	**best-seller** (m)	[best'seller]

dicionário (m)	diccionario (m)	[dikθjo'nario]
livro (m) didático	manual (m)	[manu'alʲ]
enciclopédia (f)	enciclopedia (f)	[enθiklʲo'peðia]

133. Caça. Pesca

caça (f)	caza (f)	['kaθa]
caçar (vi)	cazar (vi, vt)	[ka'θar]
caçador (m)	cazador (m)	[kaθa'ðor]

disparar, atirar (vi)	tirar (vi)	[ti'rar]
rifle (m)	fusil (m)	[fu'silʲ]
cartucho (m)	cartucho (m)	[kar'tutʃo]
chumbo (m) de caça	perdigón (m)	[perði'ɣon]

armadilha (f)	cepo (m)	['θepo]
armadilha (com corda)	trampa (f)	['trampa]
cair na armadilha	caer en el cepo	[ka'er en elʲ 'θepo]
pôr a armadilha	poner un cepo	[po'ner un 'θepo]

caçador (m) furtivo	cazador (m) furtivo	[kaθa'ðor fur'tiβo]
caça (animais)	caza (f) menor	['kaθa me'nor]
cão (m) de caça	perro (m) de caza	['pero de 'kaθa]
safári (m)	safari (m)	[sa'fari]
animal (m) empalhado	animal (m) disecado	[ani'malʲ dise'kaðo]

pescador (m)	pescador (m)	[peska'ðor]
pesca (f)	pesca (f)	['peska]
pescar (vt)	pescar (vi)	[pes'kar]

vara (f) de pesca	caña (f) de pescar	['kanja de pes'kar]
linha (f) de pesca	sedal (m)	[se'ðalʲ]
anzol (m)	anzuelo (m)	[anθu'elʲo]

boia (f), flutuador (m)	flotador (m)	[flʲota'ðor]
isca (f)	cebo (m)	['θeβo]

lançar a linha	lanzar el anzuelo	[lʲan'θar elʲ anθu'elʲo]
morder (peixe)	picar (vt)	[pi'kar]

pesca (f)	pesca (f)	['peska]
buraco (m) no gelo	agujero (m) en el hielo	[agu'χero en elʲ 'jelʲo]

rede (f)	red (f)	[reð]
barco (m)	barca (f)	['barka]
pescar com rede	pescar con la red	[pes'kar kon lʲa 'reð]
lançar a rede	tirar la red	[ti'rar lʲa 'reð]

puxar a rede	sacar la red	[sa'kar lʲa 'reð]
cair na rede	caer en la red	[ka'er en lʲa 'reð]

baleeiro (m)	ballenero (m)	[baje'nero]
baleeira (f)	ballenero (m)	[baje'nero]
arpão (m)	arpón (m)	[ar'pon]

134. Jogos. Bilhar

bilhar (m)	**billar** (m)	[bi'jar]
sala (f) de bilhar	**sala** (f) **de billar**	['salʲa de bi'jar]
bola (f) de bilhar	**bola** (f) **de billar**	['bolʲa de bi'jar]
embolsar uma bola	**entronerar la bola**	[entrone'rar lʲa 'bolʲa]
taco (m)	**taco** (m)	['tako]
caçapa (f)	**tronera** (f)	[tro'nera]

135. Jogos. Jogar cartas

carta (f) de jogar	**carta** (f)	['karta]
cartas (f pl)	**cartas** (f pl)	['kartas]
baralho (m)	**baraja** (f)	[ba'raχa]
trunfo (m)	**triunfo** (m)	[tri'umfo]
ouros (m pl)	**cuadrados** (m pl)	[kua'ðraðos]
espadas (f pl)	**picas** (f pl)	['pikas]
copas (f pl)	**corazones** (m pl)	[kora'θones]
paus (m pl)	**tréboles** (m pl)	['treβoles]
ás (m)	**as** (m)	[as]
rei (m)	**rey** (m)	[rej]
dama (f), rainha (f)	**dama** (f)	['dama]
valete (m)	**sota** (f)	['sota]
dar, distribuir (vt)	**dar, distribuir** (vt)	[dar], [distriβu'ir]
embaralhar (vt)	**barajar** (vt)	[bara'χar]
vez, jogada (f)	**jugada** (f)	[χu'gaða]
ponto (m)	**punto** (m)	['punto]
trapaceiro (m)	**fullero** (m)	[fu'jero]

136. Descanso. Jogos. Diversos

passear (vi)	**pasear** (vi)	[pase'ar]
passeio (m)	**paseo** (m)	[pa'seo]
viagem (f) de carro	**paseo** (m)	[pa'seo]
aventura (f)	**aventura** (f)	[aβen'tura]
piquenique (m)	**picnic** (m)	['piknik]
jogo (m)	**juego** (m)	[χu'ego]
jogador (m)	**jugador** (m)	[χuga'ðor]
partida (f)	**partido** (m)	[par'tiðo]
colecionador (m)	**coleccionista** (m)	[kolekθjo'nista]
colecionar (vt)	**coleccionar** (vt)	[kolekθjo'nar]
coleção (f)	**colección** (f)	[kolek'θjon]
palavras (f pl) cruzadas	**crucigrama** (m)	[kruθi'ɣrama]
hipódromo (m)	**hipódromo** (m)	[i'poðromo]

discoteca (f)	discoteca (f)	[disko'teka]
sauna (f)	sauna (f)	['sauna]
loteria (f)	lotería (f)	[ʎote'ria]
campismo (m)	marcha (f)	['martʃa]
acampamento (m)	campo (m)	['kampo]
campista (m)	campista (m)	[kam'pista]
barraca (f)	tienda (f) de campaña	['tjenda de kam'panja]
bússola (f)	brújula (f)	['bruχuʎa]
ver (vt), assistir à ...	ver (vt)	[ber]
telespectador (m)	telespectador (m)	[tele·spekta'ðor]
programa (m) de TV	programa (m) de televisión	[pro'ɣrama de teleβi'sjon]

137. Fotografia

máquina (f) fotográfica	cámara (f) fotográfica	['kamara foto'ɣrafika]
foto, fotografia (f)	foto (f)	['foto]
fotógrafo (m)	fotógrafo (m)	[fo'toɣrafo]
estúdio (m) fotográfico	estudio (m) fotográfico	[es'tuðjo foto'ɣrafiko]
álbum (m) de fotografias	álbum (m) de fotos	['aʎβum de 'fotos]
lente (f) fotográfica	objetivo (m)	[oβχe'tiβo]
lente (f) teleobjetiva	teleobjetivo (m)	[tele·oβχe'tiβo]
filtro (m)	filtro (m)	['fiʎtro]
lente (f)	lente (m)	['lente]
ótica (f)	óptica (f)	['optika]
abertura (f)	diafragma (m)	[dia'fraɣma]
exposição (f)	tiempo (m) de exposición	['tjempo de eksposi'θjon]
visor (m)	visor (m)	[bi'sor]
câmera (f) digital	cámara (f) digital	['kamara diχi'taʎ]
tripé (m)	trípode (m)	['tripoðe]
flash (m)	flash (m)	[fʎaʃ]
fotografar (vt)	fotografiar (vt)	[fotoɣra'fjar]
tirar fotos	hacer fotos	[a'θer 'fotos]
fotografar-se (vr)	fotografiarse (vr)	[fotoɣra'fjarse]
foco (m)	foco (m)	['foko]
focar (vt)	enfocar (vt)	[eɱfo'kar]
nítido (adj)	nítido (adj)	['nitiðo]
nitidez (f)	nitidez (f)	[niti'ðeθ]
contraste (m)	contraste (m)	[kon'traste]
contrastante (adj)	de alto contraste (adj)	[de 'aʎto kon'traste]
retrato (m)	foto (f)	['foto]
negativo (m)	negativo (m)	[nega'tiβo]
filme (m)	película (f) fotográfica	[pe'likuʎa foto'ɣrafika]
fotograma (m)	fotograma (m)	[foto'ɣrama]
imprimir (vt)	imprimir (vt)	[impri'mir]

138. Praia. Natação

praia (f)	playa (f)	['plʲaja]
areia (f)	arena (f)	[a'rena]
deserto (adj)	desierto (adj)	[de'sjerto]
bronzeado (m)	bronceado (m)	[bronθe'aðo]
bronzear-se (vr)	broncearse (vr)	[bronθe'arse]
bronzeado (adj)	bronceado (adj)	[bronθe'aðo]
protetor (m) solar	protector (m) solar	[protek'tor so'lʲar]
biquíni (m)	bikini (m)	[bi'kini]
maiô (m)	traje (m) de baño	['traχe de 'banjo]
calção (m) de banho	bañador (m)	[banja'ðor]
piscina (f)	piscina (f)	[pi'θina]
nadar (vi)	nadar (vi)	[na'ðar]
chuveiro (m), ducha (f)	ducha (f)	['dutʃa]
mudar, trocar (vt)	cambiarse (vr)	[kam'bjarse]
toalha (f)	toalla (f)	[to'aja]
barco (m)	barca (f)	['barka]
lancha (f)	lancha (f) motora	['lʲantʃa mo'tora]
esqui (m) aquático	esquís (m pl) acuáticos	[es'kis aku'atikos]
barco (m) de pedais	bicicleta (f) acuática	[biθik'leta aku'atika]
surf, surfe (m)	surf (m)	[surf]
surfista (m)	surfista (m)	[sur'fista]
equipamento (m) de mergulho	equipo (m) de buceo	[e'kipo de bu'θeo]
pé (m pl) de pato	aletas (f pl)	[a'letas]
máscara (f)	máscara (f) de buceo	['maskara de bu'θeo]
mergulhador (m)	buceador (m)	[buθea'ðor]
mergulhar (vi)	bucear (vi)	[buθe'ar]
debaixo d'água	bajo el agua	['baχo elʲ 'agua]
guarda-sol (m)	sombrilla (f)	[som'brija]
espreguiçadeira (f)	tumbona (f)	[tum'bona]
óculos (m pl) de sol	gafas (f pl) de sol	['gafas de 'solʲ]
colchão (m) de ar	colchoneta (f) inflable	[kolʲtʃo'neta imʲ'flʲaβle]
brincar (vi)	jugar (vi)	[χu'gar]
ir nadar	bañarse (vr)	[ba'njarse]
bola (f) de praia	pelota (f) de playa	[pe'lʲota de 'plʲaja]
encher (vt)	inflar (vt)	[imʲ'flʲar]
inflável (adj)	inflable (adj)	[imʲ'flʲaβle]
onda (f)	ola (f)	['olʲa]
boia (f)	boya (f)	['boja]
afogar-se (vr)	ahogarse (vr)	[ao'garse]
salvar (vt)	salvar (vt)	[salʲ'βar]
colete (m) salva-vidas	chaleco (m) salvavidas	[tʃa'leko salʲβa'βiðas]
observar (vt)	observar (vt)	[oβser'βar]
salva-vidas (pessoa)	socorrista (m)	[soko'rista]

EQUIPAMENTO TÉCNICO. TRANSPORTES

Equipamento técnico

139. Computador

computador (m)	ordenador (m)	[orðena'ðor]
computador (m) portátil	ordenador (m) portátil	[orðena'ðor por'tatilʲ]
ligar (vt)	encender (vt)	[enθen'der]
desligar (vt)	apagar (vt)	[apa'gar]
teclado (m)	teclado (m)	[te'klʲaðo]
tecla (f)	tecla (f)	['teklʲa]
mouse (m)	ratón (m)	[ra'ton]
tapete (m) para mouse	alfombrilla (f) para ratón	[alʲfom'brija 'para ra'ton]
botão (m)	botón (m)	[bo'ton]
cursor (m)	cursor (m)	[kur'sor]
monitor (m)	monitor (m)	[moni'tor]
tela (f)	pantalla (f)	[pan'taja]
disco (m) rígido	disco (m) duro	['disko 'duro]
capacidade (f) do disco rígido	volumen (m) de disco duro	[bo'lʲumen de 'disko 'duro]
memória (f)	memoria (f)	[me'moria]
memória RAM (f)	memoria (f) operativa	[me'morja opera'tiβa]
arquivo (m)	archivo, fichero (m)	[ar'ʧiβo], [fi'ʧero]
pasta (f)	carpeta (f)	[kar'peta]
abrir (vt)	abrir (vt)	[a'βrir]
fechar (vt)	cerrar (vt)	[θe'rar]
salvar (vt)	guardar (vt)	[guar'ðar]
deletar (vt)	borrar (vt)	[bo'rar]
copiar (vt)	copiar (vt)	[ko'pjar]
ordenar (vt)	ordenar (vt)	[orðe'nar]
copiar (vt)	transferir (vt)	[transfe'rir]
programa (m)	programa (m)	[pro'ɣrama]
software (m)	software (m)	['sofwer]
programador (m)	programador (m)	[proɣrama'ðor]
programar (vt)	programar (vt)	[proɣra'mar]
hacker (m)	hacker (m)	['aker]
senha (f)	contraseña (f)	[kontra'senja]
vírus (m)	virus (m)	['birus]
detectar (vt)	detectar (vt)	[detek'tar]
byte (m)	octeto, byte (m)	[ok'teto], ['βajt]

megabyte (m)	megabyte (m)	[mega'βajt]
dados (m pl)	datos (m pl)	['datos]
base (f) de dados	base (f) de datos	['base de 'datos]
cabo (m)	cable (m)	['kaβle]
desconectar (vt)	desconectar (vt)	[deskonek'tar]
conectar (vt)	conectar (vt)	[konek'tar]

140. Internet. E-mail

internet (f)	internet (m), red (f)	[inter'net], [reð]
browser (m)	navegador (m)	[naβega'ðor]
motor (m) de busca	buscador (m)	[buska'ðor]
provedor (m)	proveedor (m)	[proβee'ðor]
webmaster (m)	webmaster (m)	[weβ'master]
website (m)	sitio (m) web	['sitio weβ]
web page (f)	página (f) web	['paχina weβ]
endereço (m)	dirección (f)	[direk'θjon]
livro (m) de endereços	libro (m) de direcciones	['liβro de direk'θjones]
caixa (f) de correio	buzón (m)	[bu'θon]
correio (m)	correo (m)	[ko'reo]
cheia (caixa de correio)	lleno (adj)	['jeno]
mensagem (f)	mensaje (m)	[men'saχe]
mensagens (f pl) recebidas	correo (m) entrante	[ko'reo en'trante]
mensagens (f pl) enviadas	correo (m) saliente	[ko'reo sa'ljente]
remetente (m)	expedidor (m)	[ekspeði'ðor]
enviar (vt)	enviar (vt)	[em'bjar]
envio (m)	envío (m)	[em'bio]
destinatário (m)	destinatario (m)	[destina'tario]
receber (vt)	recibir (vt)	[reθi'βir]
correspondência (f)	correspondencia (f)	[korespon'denθia]
corresponder-se (vr)	escribirse con ...	[eskri'βirse kon]
arquivo (m)	archivo, fichero (m)	[ar'ʧiβo], [fi'ʧero]
fazer download, baixar (vt)	descargar (vt)	[deskar'gar]
criar (vt)	crear (vt)	[kre'ar]
deletar (vt)	borrar (vt)	[bo'rar]
deletado (adj)	borrado (adj)	[bo'raðo]
conexão (f)	conexión (f)	[konek'θjon]
velocidade (f)	velocidad (f)	[beʎoθi'ðað]
modem (m)	módem (m)	['moðem]
acesso (m)	acceso (m)	[ak'θeso]
porta (f)	puerto (m)	[pu'erto]
conexão (f)	conexión (f)	[konek'θjon]
conectar (vi)	conectarse a ...	[konek'tarse a]

escolher (vt)	**seleccionar** (vt)	[selekθjo'nar]
buscar (vt)	**buscar** (vt)	[bus'kar]

Transportes

141. Avião

avião (m)	avión (m)	[a'βjon]
passagem (f) aérea	billete (m) de avión	[bi'jete de a'βjon]
companhia (f) aérea	compañía (f) aérea	[kompa'njia a'erea]
aeroporto (m)	aeropuerto (m)	[aeropu'erto]
supersônico (adj)	supersónico (adj)	[super'soniko]
comandante (m) do avião	comandante (m)	[koman'dante]
tripulação (f)	tripulación (f)	[tripulʲa'θjon]
piloto (m)	piloto (m)	[pi'lʲoto]
aeromoça (f)	azafata (f)	[aθa'fata]
copiloto (m)	navegador (m)	[naβega'ðor]
asas (f pl)	alas (f pl)	['alʲas]
cauda (f)	cola (f)	['kolʲa]
cabine (f)	cabina (f)	[ka'βina]
motor (m)	motor (m)	[mo'tor]
trem (m) de pouso	tren (m) de aterrizaje	['tren de ateri'θaχe]
turbina (f)	turbina (f)	[tur'βina]
hélice (f)	hélice (f)	['eliθe]
caixa-preta (f)	caja (f) negra	['kaχa 'neɣra]
coluna (f) de controle	timón (m)	[ti'mon]
combustível (m)	combustible (m)	[kombus'tiβle]
instruções (f pl) de segurança	instructivo (m) de seguridad	[instruk'tiβo de seguri'ðað]
máscara (f) de oxigênio	respirador (m) de oxígeno	[respira'ðor de o'ksiχeno]
uniforme (m)	uniforme (m)	[uni'forme]
colete (m) salva-vidas	chaleco (m) salvavidas	[tʃa'leko salʲβa'βiðas]
paraquedas (m)	paracaídas (m)	[paraka'iðas]
decolagem (f)	despegue (m)	[des'pege]
descolar (vi)	despegar (vi)	[despe'gar]
pista (f) de decolagem	pista (f) de despegue	['pista de des'pege]
visibilidade (f)	visibilidad (f)	[bisiβili'ðað]
voo (m)	vuelo (m)	[bu'elʲo]
altura (f)	altura (f)	[alʲ'tura]
poço (m) de ar	pozo (m) de aire	['poθo de 'aire]
assento (m)	asiento (m)	[a'sjento]
fone (m) de ouvido	auriculares (m pl)	[auriku'lʲares]
mesa (f) retrátil	mesita (f) plegable	[me'sita ple'gaβle]
janela (f)	ventana (f)	[ben'tana]
corredor (m)	pasillo (m)	[pa'sijo]

142. Comboio

trem (m)	tren (m)	['tren]
trem (m) elétrico	tren (m) de cercanías	['tren de θerka'nias]
trem (m)	tren (m) rápido	['tren 'rapiðo]
locomotiva (f) diesel	locomotora (f) diésel	[lʲokomo'tora 'djeselʲ]
locomotiva (f) a vapor	tren (m) de vapor	['tren de ba'por]
vagão (f) de passageiros	coche (m)	['kotʃe]
vagão-restaurante (m)	coche restaurante (m)	['kotʃe restau'rante]
carris (m pl)	rieles (m pl)	['rjeles]
estrada (f) de ferro	ferrocarril (m)	[feroka'rilʲ]
travessa (f)	traviesa (f)	[tra'βjesa]
plataforma (f)	plataforma (f)	[plʲata'forma]
linha (f)	vía (f)	['bia]
semáforo (m)	semáforo (m)	[se'maforo]
estação (f)	estación (f)	[esta'θjon]
maquinista (m)	maquinista (m)	[maki'nista]
bagageiro (m)	maletero (m)	[male'tero]
hospedeiro, -a (m, f)	mozo (m) del vagón	['moθo delʲ ba'ɣon]
passageiro (m)	pasajero (m)	[pasa'χero]
revisor (m)	revisor (m)	[reβi'sor]
corredor (m)	corredor (m)	[kore'ðor]
freio (m) de emergência	freno (m) de urgencia	['freno de ur'χenθia]
compartimento (m)	compartimiento (m)	[komparti'mjento]
cama (f)	litera (f)	[li'tera]
cama (f) de cima	litera (f) de arriba	[li'tera de a'riβa]
cama (f) de baixo	litera (f) de abajo	[li'tera de a'βaχo]
roupa (f) de cama	ropa (f) de cama	['ropa de 'kama]
passagem (f)	billete (m)	[bi'jete]
horário (m)	horario (m)	[o'rario]
painel (m) de informação	pantalla (f) de información	[pan'taja de iɱforma'θjon]
partir (vt)	partir (vi)	[par'tir]
partida (f)	partida (f)	[par'tiða]
chegar (vi)	llegar (vi)	[je'gar]
chegada (f)	llegada (f)	[je'gaða]
chegar de trem	llegar en tren	[je'gar en 'tren]
pegar o trem	tomar el tren	[to'mar elʲ 'tren]
descer de trem	bajar del tren	[ba'χar delʲ 'tren]
acidente (m) ferroviário	descarrilamiento (m)	[deskarilʲa'mjento]
descarrilar (vi)	descarrilarse (vr)	[deskari'lʲarse]
locomotiva (f) a vapor	tren (m) de vapor	['tren de ba'por]
foguista (m)	fogonero (m)	[fogo'nero]
fornalha (f)	hogar (m)	[o'gar]
carvão (m)	carbón (m)	[kar'βon]

143. Barco

navio (m)	barco, buque (m)	['barko], ['buke]
embarcação (f)	navío (m)	[na'βio]
barco (m) a vapor	buque (m) de vapor	['buke de ba'por]
barco (m) fluvial	motonave (f)	[moto'naβe]
transatlântico (m)	trasatlántico (m)	[trasat'lʲantiko]
cruzeiro (m)	crucero (m)	[kru'θero]
iate (m)	yate (m)	['jate]
rebocador (m)	remolcador (m)	[remolʲka'ðor]
barcaça (f)	barcaza (f)	[bar'kaθa]
ferry (m)	ferry (m)	['feri]
veleiro (m)	velero (m)	[be'lero]
bergantim (m)	bergantín (m)	[bergan'tin]
quebra-gelo (m)	rompehielos (m)	[rompe·'jelʲos]
submarino (m)	submarino (m)	[suβma'rino]
bote, barco (m)	bote (m)	['bote]
baleeira (bote salva-vidas)	bote (m)	['bote]
bote (m) salva-vidas	bote (m) salvavidas	['bote salʲβa'βiðas]
lancha (f)	lancha (f) motora	['lʲantʃa mo'tora]
capitão (m)	capitán (m)	[kapi'tan]
marinheiro (m)	marinero (m)	[mari'nero]
marujo (m)	marino (m)	[ma'rino]
tripulação (f)	tripulación (f)	[tripulʲa'θjon]
contramestre (m)	contramaestre (m)	[kontrama'estre]
grumete (m)	grumete (m)	[gru'mete]
cozinheiro (m) de bordo	cocinero (m) de abordo	[koθi'nero de a'βorðo]
médico (m) de bordo	médico (m) del buque	['meðiko delʲ 'buke]
convés (m)	cubierta (f)	[ku'βjerta]
mastro (m)	mástil (m)	['mastilʲ]
vela (f)	vela (f)	['belʲa]
porão (m)	bodega (f)	[bo'ðega]
proa (f)	proa (f)	['proa]
popa (f)	popa (f)	['popa]
remo (m)	remo (m)	['remo]
hélice (f)	hélice (f)	['eliθe]
cabine (m)	camarote (m)	[kama'rote]
sala (f) dos oficiais	sala (f) de oficiales	['salʲa de ofi'θjales]
sala (f) das máquinas	sala (f) de máquinas	['salʲa de 'makinas]
ponte (m) de comando	puente (m) de mando	[pu'ente de 'mando]
sala (f) de comunicações	sala (f) de radio	['salʲa de 'raðio]
onda (f)	onda (f)	['onda]
diário (m) de bordo	cuaderno (m) de bitácora	[kua'ðerno de bi'takora]
luneta (f)	anteojo (m)	[ante'oχo]
sino (m)	campana (f)	[kam'pana]

bandeira (f)	bandera (f)	[ban'dera]
cabo (m)	cabo (m)	['kaβo]
nó (m)	nudo (m)	['nuðo]

corrimão (m)	pasamano (m)	[pasa'mano]
prancha (f) de embarque	pasarela (f)	[pasa'relʲa]

âncora (f)	ancla (f)	['aŋklʲa]
recolher a âncora	levar ancla	[le'βar 'aŋklʲa]
jogar a âncora	echar ancla	[e'ʧar 'aŋklʲa]
amarra (corrente de âncora)	cadena (f) del ancla	[ka'ðena delʲ 'aŋklʲa]

porto (m)	puerto (m)	[pu'erto]
cais, amarradouro (m)	embarcadero (m)	[embarka'ðero]
atracar (vi)	amarrar (vt)	[ama'rar]
desatracar (vi)	desamarrar (vt)	[desama'rar]

viagem (f)	viaje (m)	['bjaχe]
cruzeiro (m)	crucero (m)	[kru'θero]
rumo (m)	derrota (f)	[de'rota]
itinerário (m)	itinerario (m)	[itine'rario]

canal (m) de navegação	canal (m) navegable	[ka'nalʲ naβe'gaβle]
banco (m) de areia	bajío (m)	[ba'χio]
encalhar (vt)	encallar (vi)	[eŋka'jar]

tempestade (f)	tempestad (f)	[tempes'tað]
sinal (m)	señal (f)	[se'njalʲ]
afundar-se (vr)	hundirse (vr)	[un'dirse]
Homem ao mar!	¡Hombre al agua!	['ombre alʲ 'agua]
SOS	SOS	['ese o 'ese]
boia (f) salva-vidas	aro (m) salvavidas	['aro salʲβa'βiðas]

144. Aeroporto

aeroporto (m)	aeropuerto (m)	[aeropu'erto]
avião (m)	avión (m)	[a'βjon]
companhia (f) aérea	compañía (f) aérea	[kompa'njia a'erea]
controlador (m) de tráfego aéreo	controlador (m) aéreo	[kontrolʲa'ðor a'ereo]

partida (f)	despegue (m)	[des'pege]
chegada (f)	llegada (f)	[je'gaða]
chegar (vi)	llegar (vi)	[je'gar]

hora (f) de partida	hora (f) de salida	['ora de sa'liða]
hora (f) de chegada	hora (f) de llegada	['ora de je'gaða]

estar atrasado	retrasarse (vr)	[retra'sarse]
atraso (m) de voo	retraso (m) de vuelo	[re'traso de bu'elʲo]

painel (m) de informação	pantalla (f) de información	[pan'taja de iɱforma'θjon]
informação (f)	información (f)	[iɱforma'θjon]
anunciar (vt)	anunciar (vt)	[anun'θjar]

voo (m)	vuelo (m)	[bu'eljo]
alfândega (f)	aduana (f)	[aðu'ana]
funcionário (m) da alfândega	aduanero (m)	[aðua'nero]
declaração (f) alfandegária	declaración (f) de aduana	[deklʲara'θjon de aðu'ana]
preencher (vt)	rellenar (vt)	[reje'nar]
preencher a declaração	rellenar la declaración	[reje'nar lʲa deklʲara'θjon]
controle (m) de passaporte	control (m) de pasaportes	[kon'trolʲ de pasa'portes]
bagagem (f)	equipaje (m)	[eki'paχe]
bagagem (f) de mão	equipaje (m) de mano	[eki'paχe de 'mano]
carrinho (m)	carrito (m) de equipaje	[ka'rito de eki'paχe]
pouso (m)	aterrizaje (m)	[ateri'θaχe]
pista (f) de pouso	pista (f) de aterrizaje	['pista de ateri'θaχe]
aterrissar (vi)	aterrizar (vi)	[ateri'θar]
escada (f) de avião	escaleras (f pl)	[eska'leras]
check-in (m)	facturación (f), check-in (m)	[faktura'θjon], [ʧek·'in]
balcão (m) do check-in	mostrador (m) de facturación	[mostra'ðor de faktura'θjon]
fazer o check-in	hacer el check-in	[a'θer elʲ ʧek·'in]
cartão (m) de embarque	tarjeta (f) de embarque	[tar'χeta de em'barke]
portão (m) de embarque	puerta (f) de embarque	[pu'erta de em'barke]
trânsito (m)	tránsito (m)	['transito]
esperar (vi, vt)	esperar (vt)	[espe'rar]
sala (f) de espera	zona (f) de preembarque	['θona de preem'barke]
despedir-se (acompanhar)	despedir (vt)	[despe'ðir]
despedir-se (dizer adeus)	despedirse (vr)	[despe'ðirse]

145. Bicicleta. Motocicleta

bicicleta (f)	bicicleta (f)	[biθik'leta]
lambreta (f)	scooter (m)	['skuter]
moto (f)	motocicleta (f)	[motoθi'kleta]
ir de bicicleta	ir en bicicleta	[ir en biθi'kleta]
guidão (m)	manillar (m)	[mani'jar]
pedal (m)	pedal (m)	[pe'ðalʲ]
freios (m pl)	frenos (m pl)	['frenos]
banco, selim (m)	sillín (m)	[si'jin]
bomba (f)	bomba (f)	['bomba]
bagageiro (m) de teto	portaequipajes (m)	[porta·eki'paχes]
lanterna (f)	faro (m)	['faro]
capacete (m)	casco (m)	['kasko]
roda (f)	rueda (f)	[ru'eða]
para-choque (m)	guardabarros (m)	[guarða·'baros]
aro (m)	llanta (f)	['janta]
raio (m)	rayo (m)	['rajo]

Carros

carro, automóvel (m)	coche (m)	['kotʃe]
carro (m) esportivo	coche (m) deportivo	['kotʃe depor'tiβo]
limusine (f)	limusina (f)	[limu'sina]
todo o terreno (m)	todoterreno (m)	['toðo·te'reno]
conversível (m)	cabriolé (m)	[kaβrio'le]
minibus (m)	microbús (m)	[mikro'βus]
ambulância (f)	ambulancia (f)	[ambu'lʲanθia]
limpa-neve (m)	quitanieves (m)	[kita'njeβes]
caminhão (m)	camión (m)	[ka'mjon]
caminhão-tanque (m)	camión (m) cisterna	[ka'mjon θis'terna]
perua, van (f)	camioneta (f)	[kamjo'neta]
caminhão-trator (m)	cabeza (f) tractora	[ka'βeθa trak'tora]
reboque (m)	remolque (m)	[re'molʲke]
confortável (adj)	confortable (adj)	[koɱfor'taβle]
usado (adj)	de ocasión (adj)	[de oka'θjon]

capô (m)	capó (m)	[ka'po]
para-choque (m)	guardabarros (m)	[guarða·'baros]
teto (m)	techo (m)	['tetʃo]
para-brisa (m)	parabrisas (m)	[para'βrisas]
retrovisor (m)	espejo (m) retrovisor	[es'peχo retroβi'sor]
esguicho (m)	limpiador (m)	[limpja'ðor]
limpadores (m) de para-brisas	limpiaparabrisas (m)	[limpja·para'βrisas]
vidro (m) lateral	ventana (f) lateral	[ben'tana lʲate'ralʲ]
elevador (m) do vidro	elevalunas (m)	[eleβa·'lʲunas]
antena (f)	antena (f)	[an'tena]
teto (m) solar	techo (m) solar	['tetʃo so'lʲar]
para-choque (m)	parachoques (m)	[para'tʃokes]
porta-malas (f)	maletero (m)	[male'tero]
bagageira (f)	baca (f)	['baka]
porta (f)	puerta (f)	[pu'erta]
maçaneta (f)	tirador (m) de puerta	[tira'ðor de pu'erta]
fechadura (f)	cerradura (f)	[θera'ðura]
placa (f)	matrícula (f)	[ma'trikulʲa]
silenciador (m)	silenciador (m)	[silenθja'ðor]

tanque (m) de gasolina	tanque (m) de gasolina	['taŋke de gaso'lina]
tubo (m) de exaustão	tubo (m) de escape	['tuβo de es'kape]
acelerador (m)	acelerador (m)	[aθelera'ðor]
pedal (m)	pedal (m)	[pe'ðalʲ]
pedal (m) do acelerador	pedal (m) de acelerador	[pe'ðalʲ de aθelera'ðor]
freio (m)	freno (m)	['freno]
pedal (m) do freio	pedal (m) de freno	[pe'ðalʲ de 'freno]
frear (vt)	frenar (vi)	[fre'nar]
freio (m) de mão	freno (m) de mano	['freno de 'mano]
embreagem (f)	embrague (m)	[em'brage]
pedal (m) da embreagem	pedal (m) de embrague	[pe'ðalʲ de em'brage]
disco (m) de embreagem	disco (m) de embrague	['disko de em'brage]
amortecedor (m)	amortiguador (m)	[amortigua'ðor]
roda (f)	rueda (f)	[ru'eða]
pneu (m) estepe	rueda (f) de repuesto	[ru'eða de repu'esto]
pneu (m)	neumático (m)	[neu'matiko]
calota (f)	tapacubo (m)	[tapa'kuβo]
rodas (f pl) motrizes	ruedas (f pl) motrices	[ru'eðas mo'triθes]
de tração dianteira	de tracción delantera	[de trak'θjon delʲan'tera]
de tração traseira	de tracción trasera	[de trak'θjon tra'sera]
de tração às 4 rodas	de tracción integral	[de trak'θjon inte'ɣralʲ]
caixa (f) de mudanças	caja (f) de cambios	['kaχa de 'kambjos]
automático (adj)	automático (adj)	[auto'matiko]
mecânico (adj)	mecánico (adj)	[me'kaniko]
alavanca (f) de câmbio	palanca (f) de cambios	[pa'lʲaŋka de 'kambjos]
farol (m)	faro (m)	['faro]
faróis (m pl)	faros (m pl)	['faros]
farol (m) baixo	luz (f) de cruce	[lʲuθ de 'kruθe]
farol (m) alto	luz (f) de carretera	[lʲuθ de kare'tera]
luzes (f pl) de parada	luz (f) de freno	[lʲuθ de 'freno]
luzes (f pl) de posição	luz (f) de posición	[lʲuθ de posi'θjon]
luzes (f pl) de emergência	luces (f pl) de emergencia	['lʲuθes de emer'χenθia]
faróis (m pl) de neblina	luces (f pl) antiniebla	['lʲuθes anti'njeβlʲa]
pisca-pisca (m)	intermitente (m)	[intermi'nente]
luz (f) de marcha ré	luz (f) de marcha atrás	[lʲuθ de 'marʧa a'tras]

148. Carros. Habitáculo

interior (do carro)	habitáculo (m)	[aβi'takulʲo]
de couro	de cuero (adj)	[de ku'ero]
de veludo	de felpa (adj)	[de 'felʲpa]
estofamento (m)	tapizado (m)	[tapi'θaðo]
indicador (m)	instrumento (m)	[instru'mento]
painel (m)	salpicadero (m)	[salʲpika'ðero]

| velocímetro (m) | velocímetro (m) | [beⁱo'θimetro] |
| ponteiro (m) | aguja (f) | [a'guχa] |

hodômetro, odômetro (m)	cuentakilómetros (m)	[ku'enta·ki'lⁱometros]
indicador (m)	indicador (m)	[indika'ðor]
nível (m)	nivel (m)	[ni'βelⁱ]
luz (f) de aviso	testigo (m)	[tes'tigo]

volante (m)	volante (m)	[bo'lⁱante]
buzina (f)	bocina (f)	[bo'θina]
botão (m)	botón (m)	[bo'ton]
interruptor (m)	interruptor (m)	[interup'tor]

assento (m)	asiento (m)	[a'sjento]
costas (f pl) do assento	respaldo (m)	[res'palⁱdo]
cabeceira (f)	reposacabezas (m)	[reposa·ka'βeθas]
cinto (m) de segurança	cinturón (m) de seguridad	[θintu'ron de seguri'ðað]
apertar o cinto	abrocharse el cinturón	[aβro'tʃarse elⁱ θintu'ron]
ajuste (m)	reglaje (m)	[re'χlⁱaχe]

| airbag (m) | bolsa (f) de aire | ['bolⁱsa de 'aire] |
| ar (m) condicionado | climatizador (m) | [klimatiθa'ðor] |

rádio (m)	radio (m)	['raðio]
leitor (m) de CD	reproductor (m) de CD	[reproðuk'tor de θe'de]
ligar (vt)	encender (vt)	[enθen'der]
antena (f)	antena (f)	[an'tena]
porta-luvas (m)	guantera (f)	[guan'tera]
cinzeiro (m)	cenicero (m)	[θeni'θero]

149. Carros. Motor

motor (m)	motor (m)	[mo'tor]
a diesel	diésel (adj)	[dje'selⁱ]
a gasolina	a gasolina (adj)	[a gaso'lina]

cilindrada (f)	volumen (m) del motor	[bo'lⁱumen delⁱ mo'tor]
potência (f)	potencia (f)	[po'tensia]
cavalo (m) de potência	caballo (m) de fuerza	[ka'βajo de fu'erθa]
pistão (m)	pistón (m)	[pis'ton]
cilindro (m)	cilindro (m)	[θi'lindro]
válvula (f)	válvula (f)	['balⁱβulⁱa]

injetor (m)	inyector (m)	[injek'tor]
gerador (m)	generador (m)	[χenera'ðor]
carburador (m)	carburador (m)	[karβura'ðor]
óleo (m) de motor	aceite (m) de motor	[a'θejte de mo'tor]

radiador (m)	radiador (m)	[raðja'ðor]
líquido (m) de arrefecimento	liquido (m) refrigerante	[li'kiðo refriχe'rante]
ventilador (m)	ventilador (m)	[bentilⁱa'ðor]

| dispositivo (m) de arranque | estárter (m) | [es'tarter] |
| ignição (f) | encendido (m) | [enθen'diðo] |

vela (f) de ignição	bujía (f)	[bu'xia]
fusível (m)	fusible (m)	[fu'siβle]
bateria (f)	batería (f)	[bate'ria]
terminal (m)	terminal (m)	[termi'nalʲ]
terminal (m) positivo	terminal (m) positivo	[termi'nalʲ posi'tiβa]
terminal (m) negativo	terminal (m) negativo	[termi'nalʲ nega'tiβa]
filtro (m) de ar	filtro (m) de aire	['filʲtro de 'aire]
filtro (m) de óleo	filtro (m) de aceite	['filʲtro de a'θejte]
filtro (m) de combustível	filtro (m) de combustible	['filʲtro de kombus'tiβle]

150. Carros. Batidas. Reparação

acidente (m) de carro	accidente (m)	[akθi'ðente]
acidente (m) rodoviário	accidente (m) de tráfico	[akθi'ðente de 'trafiko]
bater (~ num muro)	chocar contra ...	[ʧo'kar 'kontra]
sofrer um acidente	tener un accidente	[te'ner un akθi'ðente]
dano (m)	daño (m)	['danjo]
intato	intacto (adj)	[in'takto]
pane (f)	pana (f)	['pana]
avariar (vi)	averiarse (vr)	[aβe'rjarse]
cabo (m) de reboque	remolque (m)	[re'molʲke]
furo (m)	pinchazo (m)	[pin'ʧaθo]
estar furado	desinflarse (vr)	[desiɲ'flʲarse]
encher (vt)	inflar (vt)	[iɲ'flʲar]
pressão (f)	presión (f)	[pre'sjon]
verificar (vt)	verificar (vt)	[berifi'kar]
reparo (m)	reparación (f)	[repara'θjon]
oficina (f) automotiva	taller (m)	[ta'jer]
peça (f) de reposição	parte (f) de repuesto	['parte de repu'esto]
peça (f)	parte (f)	['parte]
parafuso (com porca)	perno (m)	['perno]
parafuso (m)	tornillo (m)	[tor'nijo]
porca (f)	tuerca (f)	[tu'erka]
arruela (f)	arandela (f)	[aran'delʲa]
rolamento (m)	rodamiento (m)	[roða'mjento]
tubo (m)	tubo (m)	['tuβo]
junta, gaxeta (f)	junta (f)	['xunta]
fio, cabo (m)	cable, hilo (m)	['kaβle], ['ilʲo]
macaco (m)	gato (m)	['gato]
chave (f) de boca	llave (f) de tuerca	['jaβe de tu'erka]
martelo (m)	martillo (m)	[mar'tijo]
bomba (f)	bomba (f)	['bomba]
chave (f) de fenda	destornillador (m)	[destornija'ðor]
extintor (m)	extintor (m)	[ekstin'tor]
triângulo (m) de emergência	triángulo (m) de avería	[tri'angulʲo de aβe'ria]

morrer (motor)	pararse, calarse (vr)	[pa'rarse], [ka'lʲarse]
paragem, "morte" (f)	parada (f)	[pa'raða]
estar quebrado	estar averiado	[es'tar aβe'rjaðo]

superaquecer-se (vr)	recalentarse (vr)	[rekalen'tarse]
entupir-se (vr)	estar atascado	[es'tar atas'kaðo]
congelar-se (vr)	congelarse (vr)	[konχe'lʲarse]
rebentar (vi)	reventar (vi)	[reβen'tar]

pressão (f)	presión (f)	[pre'sjon]
nível (m)	nivel (m)	[ni'βelʲ]
frouxo (adj)	flojo (adj)	['flʲoχo]

batida (f)	abolladura (f)	[aβoja'ðura]
ruído (m)	ruido (m)	[ru'iðo]
fissura (f)	grieta (f)	[gri'eta]
arranhão (m)	rozadura (f)	[roθa'ðura]

151. Carros. Estrada

estrada (f)	camino (m)	[ka'mino]
autoestrada (f)	autovía (f)	[auto'βia]
rodovia (f)	carretera (f)	[kare'tera]
direção (f)	dirección (f)	[direk'θjon]
distância (f)	distancia (f)	[dis'tanθia]

ponte (f)	puente (m)	[pu'ente]
parque (m) de estacionamento	aparcamiento (m)	[aparka'mjento]
praça (f)	plaza (f)	['plʲaθa]
nó (m) rodoviário	intercambiador (m)	[interkambja'ðor]
túnel (m)	túnel (m)	['tunelʲ]

posto (m) de gasolina	gasolinera (f)	[gasoli'nera]
parque (m) de estacionamento	aparcamiento (m)	[aparka'mjento]
bomba (f) de gasolina	surtidor (m)	[surti'ðor]
oficina (f) automotiva	taller (m)	[ta'jer]
abastecer (vt)	cargar gasolina	[kar'gar gaso'lina]
combustível (m)	combustible (m)	[kombus'tiβle]
galão (m) de gasolina	bidón (m) de gasolina	[bi'ðon de gaso'lina]

asfalto (m)	asfalto (m)	[as'falʲto]
marcação (f) de estradas	señalización (f) vial	[senjaliθa'θjon bi'jalʲ]
meio-fio (m)	bordillo (m)	[bor'ðijo]
guard-rail (m)	barrera (f) de seguridad	[ba'rera de seguri'ðað]
valeta (f)	cuneta (f)	[ku'neta]
acostamento (m)	borde (m) de la carretera	['borðe de lʲa kare'tera]
poste (m) de luz	farola (f)	[fa'rolʲa]

dirigir (vt)	conducir (vi, vt)	[kondu'θir]
virar (~ para a direita)	girar (vi)	[χi'rar]
dar retorno	girar en U	[χi'rar en 'u]
ré (f)	marcha (f) atrás	['marʧa a'tras]
buzinar (vi)	tocar la bocina	[to'kar lʲa bo'θina]
buzina (f)	bocinazo (m)	[boθi'naθo]

atolar-se (vr)	atascarse (vr)	[atas'karse]
patinar (na lama)	patinar (vi)	[pati'nar]
desligar (vt)	parar (vt)	[pa'rar]

velocidade (f)	velocidad (f)	[beʎoθi'ðað]
exceder a velocidade	exceder la velocidad	[ekθe'ðer ʎa beʎoθi'ðað]
multar (vt)	multar (vt)	[mulʲ'tar]
semáforo (m)	semáforo (m)	[se'maforo]
carteira (f) de motorista	permiso (m) de conducir	[per'miso de kondu'θir]

passagem (f) de nível	paso (m) a nivel	['paso a ni'βeʎ]
cruzamento (m)	cruce (m)	['kruθe]
faixa (f)	paso (m) de peatones	['paso de pea'tones]
zona (f) de pedestres	zona (f) de peatones	['θona de pea'tones]

PESSOAS. EVENTOS

152. Férias. Evento

festa (f)	fiesta (f)	['fjesta]
feriado (m) nacional	fiesta (f) nacional	['fjesta naθjo'nalʲ]
feriado (m)	día (m) de fiesta	['dia de 'fjesta]
festejar (vt)	celebrar (vt)	[θele'βrar]
evento (festa, etc.)	evento (m)	[e'βento]
evento (banquete, etc.)	medida (f)	[me'ðiða]
banquete (m)	banquete (m)	[baŋ'kete]
recepção (f)	recepción (f)	[resep'θjon]
festim (m)	festín (m)	[fes'tin]
aniversário (m)	aniversario (m)	[aniβer'sario]
jubileu (m)	jubileo (m)	[χuβi'leo]
Ano (m) Novo	Año (m) Nuevo	['anjo nu'eβo]
Feliz Ano Novo!	¡Feliz Año Nuevo!	[fe'liθ 'anjo nu'eβo]
Papai Noel (m)	Papá Noel (m)	[pa'pa no'elʲ]
Natal (m)	Navidad (f)	[naβi'ðað]
Feliz Natal!	¡Feliz Navidad!	[fe'liθ naβi'ðað]
árvore (f) de Natal	árbol (m) de Navidad	['arβolʲ de naβi'ðað]
fogos (m pl) de artifício	fuegos (m pl) artificiales	[fu'egos artifi'θjales]
casamento (m)	boda (f)	['boða]
noivo (m)	novio (m)	['noβio]
noiva (f)	novia (f)	['noβia]
convidar (vt)	invitar (vt)	[imbi'tar]
convite (m)	tarjeta (f) de invitación	[tar'χeta de imbita'θjon]
convidado (m)	invitado (m)	[imbi'taðo]
visitar (vt)	visitar (vt)	[bisi'tar]
receber os convidados	recibir a los invitados	[reθi'βir a los imbi'taðos]
presente (m)	regalo (m)	[re'galʲo]
oferecer, dar (vt)	regalar (vt)	[rega'lʲar]
receber presentes	recibir regalos	[reθi'βir re'galʲos]
buquê (m) de flores	ramo (m) de flores	['ramo de 'flʲores]
felicitações (f pl)	felicitación (f)	[feliθita'θjon]
felicitar (vt)	felicitar (vt)	[feliθi'tar]
cartão (m) de parabéns	tarjeta (f) de felicitación	[tar'χeta de feliθita'θjon]
enviar um cartão postal	enviar una tarjeta	[em'bjar 'una tar'χeta]
receber um cartão postal	recibir una tarjeta	[reθi'βir 'una tar'χeta]
brinde (m)	brindis (m)	['brindis]

| oferecer (vt) | ofrecer (vt) | [ofre'θer] |
| champanhe (m) | champaña (f) | [ʧam'panja] |

divertir-se (vr)	divertirse (vr)	[diβer'tirse]
diversão (f)	diversión (f)	[diβer'sjon]
alegria (f)	alegría (f)	[ale'ɣria]

| dança (f) | baile (m) | ['bajle] |
| dançar (vi) | bailar (vi, vt) | [baj'lʲar] |

| valsa (f) | vals (m) | [balʲs] |
| tango (m) | tango (m) | ['tango] |

153. Funerais. Enterro

cemitério (m)	cementerio (m)	[θemen'terio]
sepultura (f), túmulo (m)	tumba (f)	['tumba]
cruz (f)	cruz (f)	[kruθ]
lápide (f)	lápida (f)	['lʲapiða]
cerca (f)	verja (f)	['berχa]
capela (f)	capilla (f)	[ka'pija]

morte (f)	muerte (f)	[mu'erte]
morrer (vi)	morir (vi)	[mo'rir]
defunto (m)	difunto (m)	[di'funto]
luto (m)	luto (m)	['lʲuto]

enterrar, sepultar (vt)	enterrar (vt)	[ente'rar]
funerária (f)	funeraria (f)	[fune'raria]
funeral (m)	entierro (m)	[en'tjero]

coroa (f) de flores	corona (f) funeraria	[ko'rona fune'raria]
caixão (m)	ataúd (m)	[ata'uð]
carro (m) funerário	coche (m) fúnebre	['koʧe 'funeβre]
mortalha (f)	mortaja (f)	[mor'taχa]

procissão (f) funerária	cortejo (m) fúnebre	[kor'teχo 'funeβre]
urna (f) funerária	urna (f) funeraria	['urna fune'raria]
crematório (m)	crematorio (m)	[krema'torio]

obituário (m), necrologia (f)	necrología (f)	[nekrolʲo'χia]
chorar (vi)	llorar (vi)	[jo'rar]
soluçar (vi)	sollozar (vi)	[sojo'θar]

154. Guerra. Soldados

pelotão (m)	sección (f)	[sek'θjon]
companhia (f)	compañía (f)	[kompa'njia]
regimento (m)	regimiento (m)	[reχi'mjento]
exército (m)	ejército (m)	[e'χerθito]
divisão (f)	división (f)	[diβi'θjon]
esquadrão (m)	destacamento (m)	[destaka'mento]

hoste (f)	hueste (f)	[u'este]
soldado (m)	soldado (m)	[sol'ᵈðaðo]
oficial (m)	oficial (m)	[ofi'θjalʲ]

soldado (m) raso	soldado (m) raso	[sol'ᵈðaðo 'raso]
sargento (m)	sargento (m)	[sar'xento]
tenente (m)	teniente (m)	[te'njente]
capitão (m)	capitán (m)	[kapi'tan]
major (m)	mayor (m)	[ma'jor]
coronel (m)	coronel (m)	[koro'nelʲ]
general (m)	general (m)	[xene'ralʲ]

marujo (m)	marino (m)	[ma'rino]
capitão (m)	capitán (m)	[kapi'tan]
contramestre (m)	contramaestre (m)	[kontrama'estre]

artilheiro (m)	artillero (m)	[arti'jero]
soldado (m) paraquedista	paracaidista (m)	[parakai'ðista]
piloto (m)	piloto (m)	[pi'lʲoto]
navegador (m)	navegador (m)	[naβega'ðor]
mecânico (m)	mecánico (m)	[me'kaniko]

sapador-mineiro (m)	zapador (m)	[θapa'ðor]
paraquedista (m)	paracaidista (m)	[parakai'ðista]
explorador (m)	explorador (m)	[eksplʲora'ðor]
atirador (m) de tocaia	francotirador (m)	['fraŋko·tira'ðor]

patrulha (f)	patrulla (f)	[pa'truja]
patrulhar (vt)	patrullar (vi, vt)	[patru'jar]
sentinela (f)	centinela (m)	[θenti'nelʲa]

guerreiro (m)	guerrero (m)	[ge'rero]
patriota (m)	patriota (m)	[pa'trjota]
herói (m)	héroe (m)	['eroe]
heroína (f)	heroína (f)	[ero'ina]

| traidor (m) | traidor (m) | [trai'ðor] |
| trair (vt) | traicionar (vt) | [traiθjo'nar] |

| desertor (m) | desertor (m) | [deser'tor] |
| desertar (vt) | desertar (vi) | [deser'tar] |

mercenário (m)	mercenario (m)	[merθe'nario]
recruta (m)	recluta (m)	[re'klʲuta]
voluntário (m)	voluntario (m)	[bolʲun'tario]

morto (m)	muerto (m)	[mu'erto]
ferido (m)	herido (m)	[e'riðo]
prisioneiro (m) de guerra	prisionero (m)	[prisjo'nero]

155. Guerra. Ações militares. Parte 1

| guerra (f) | guerra (f) | ['gera] |
| guerrear (vt) | estar en guerra | [es'tar en 'gera] |

guerra (f) civil	guerra (f) civil	['gera θi'βil]
perfidamente	pérfidamente (adv)	['perfiða'mente]
declaração (f) de guerra	declaración (f) de guerra	[deklˡara'θjon de 'gera]
declarar guerra	declarar (vt)	[deklˡa'rar]
agressão (f)	agresión (f)	[aɣre'sjon]
atacar (vt)	atacar (vt)	[ata'kar]
invadir (vt)	invadir (vt)	[imba'ðir]
invasor (m)	invasor (m)	[imba'sor]
conquistador (m)	conquistador (m)	[koŋkista'ðor]
defesa (f)	defensa (f)	[de'fensa]
defender (vt)	defender (vt)	[defen'der]
defender-se (vr)	defenderse (vr)	[defen'derse]
inimigo (m)	enemigo (m)	[ene'migo]
adversário (m)	adversario (m)	[aðβer'sario]
inimigo (adj)	enemigo (adj)	[ene'migo]
estratégia (f)	estrategia (f)	[estra'teχia]
tática (f)	táctica (f)	['taktika]
ordem (f)	orden (f)	['orðen]
comando (m)	comando (m)	[ko'mando]
ordenar (vt)	ordenar (vt)	[orðe'nar]
missão (f)	misión (f)	[mi'sjon]
secreto (adj)	secreto (adj)	[se'kreto]
batalha (f)	batalla (f)	[ba'taja]
combate (m)	combate (m)	[kom'bate]
ataque (m)	ataque (m)	[a'take]
assalto (m)	asalto (m)	[a'salˡto]
assaltar (vt)	tomar por asalto	[to'mar por a'salˡto]
assédio, sítio (m)	asedio (m), sitio (m)	[a'seðio], ['sitio]
ofensiva (f)	ofensiva (f)	[ofen'siβa]
tomar à ofensiva	tomar la ofensiva	[to'mar lˡa ofen'siβa]
retirada (f)	retirada (f)	[reti'raða]
retirar-se (vr)	retirarse (vr)	[reti'rarse]
cerco (m)	envolvimiento (m)	[embolˡβi'mjento]
cercar (vt)	cercar (vt)	[θer'kar]
bombardeio (m)	bombardeo (m)	[bombar'ðeo]
lançar uma bomba	lanzar una bomba	[lˡan'θar 'una 'bomba]
bombardear (vt)	bombear (vt)	[bombe'ar]
explosão (f)	explosión (f)	[eksplˡo'sjon]
tiro (m)	tiro (m), disparo (m)	['tiro], [dis'paro]
dar um tiro	disparar (vi)	[dispa'rar]
tiroteio (m)	tiro (m)	['tiro]
apontar para ...	apuntar a ...	[apun'tar a]
apontar (vt)	encarar (vt)	[eŋka'rar]

acertar (vt)	alcanzar (vt)	[al'kan'θar]
afundar (~ um navio, etc.)	hundir (vt)	[un'dir]
brecha (f)	brecha (f)	['bretʃa]
afundar-se (vr)	hundirse (vr)	[un'dirse]
frente (m)	frente (m)	['frente]
evacuação (f)	evacuación (f)	[eβakua'θjon]
evacuar (vt)	evacuar (vt)	[eβaku'ar]
trincheira (f)	trinchera (f)	[trin'tʃera]
arame (m) enfarpado	alambre (m) de púas	[a'lʲambre de 'puas]
barreira (f) anti-tanque	barrera (f)	[ba'rera]
torre (f) de vigia	torre (f) de vigilancia	['tore de biχi'lʲanθia]
hospital (m) militar	hospital (m)	[ospi'talʲ]
ferir (vt)	herir (vi, vt)	[e'rir]
ferida (f)	herida (f)	[e'riða]
ferido (m)	herido (m)	[e'riðo]
ficar ferido	recibir una herida	[reθi'βir 'una e'riða]
grave (ferida ~)	grave (adj)	['graβe]

156. Armas

arma (f)	arma (f)	['arma]
arma (f) de fogo	arma (f) de fuego	['arma de fu'ego]
arma (f) branca	arma (f) blanca	['arma 'blʲaŋka]
arma (f) química	arma (f) química	['arma 'kimika]
nuclear (adj)	nuclear (adj)	[nukle'ar]
arma (f) nuclear	arma (f) nuclear	['arma nukle'ar]
bomba (f)	bomba (f)	['bomba]
bomba (f) atômica	bomba (f) atómica	['bomba a'tomika]
pistola (f)	pistola (f)	[pis'tolʲa]
rifle (m)	fusil (m)	[fu'silʲ]
semi-automática (f)	metralleta (f)	[metra'ʝeta]
metralhadora (f)	ametralladora (f)	[ametraja'ðora]
boca (f)	boca (f)	['boka]
cano (m)	cañón (m)	[ka'njon]
calibre (m)	calibre (m)	[ka'liβre]
gatilho (m)	gatillo (m)	[ga'tijo]
mira (f)	alza (f)	['alʲθa]
carregador (m)	cargador (m)	[karga'ðor]
coronha (f)	culata (f)	[ku'lʲata]
granada (f) de mão	granada (f)	[gra'naða]
explosivo (m)	explosivo (m)	[eksplʲo'siβo]
bala (f)	bala (f)	['balʲa]
cartucho (m)	cartucho (m)	[kar'tutʃo]
carga (f)	carga (f)	['karga]

munições (f pl)	pertrechos (m pl)	[per'tretʃos]
bombardeiro (m)	bombardero (m)	[bombar'ðero]
avião (m) de caça	avión (m) de caza	[a'βjon de 'kaθa]
helicóptero (m)	helicóptero (m)	[eli'koptero]
canhão (m) antiaéreo	antiaéreo (m)	[anti·a'ereo]
tanque (m)	tanque (m)	['taŋke]
canhão (de um tanque)	cañón (m)	[ka'njon]
artilharia (f)	artillería (f)	[artije'ria]
canhão (m)	cañón (m)	[ka'njon]
fazer a pontaria	dirigir (vt)	[diri'χir]
morteiro (m)	mortero (m)	[mor'tero]
granada (f) de morteiro	bomba (f) de mortero	['bomba de mar'tero]
projétil (m)	obús (m)	[o'βus]
estilhaço (m)	trozo (m) de obús	['troθo de o'βus]
submarino (m)	submarino (m)	[suβma'rino]
torpedo (m)	torpedo (m)	[tor'peðo]
míssil (m)	misil (m)	[mi'silʲ]
carregar (uma arma)	cargar (vt)	[kar'gar]
disparar, atirar (vi)	tirar (vi)	[ti'rar]
apontar para ...	apuntar a ...	[apun'tar a]
baioneta (f)	bayoneta (f)	[bajo'neta]
espada (f)	espada (f)	[es'paða]
sabre (m)	sable (m)	['saβle]
lança (f)	lanza (f)	['lʲanθa]
arco (m)	arco (m)	['arko]
flecha (f)	flecha (f)	['fletʃa]
mosquete (m)	mosquete (m)	[mos'kete]
besta (f)	ballesta (f)	[ba'jesta]

157. Povos da antiguidade

primitivo (adj)	primitivo (adj)	[primi'tiβo]
pré-histórico (adj)	prehistórico (adj)	[preis'toriko]
antigo (adj)	antiguo (adj)	[an'tiguo]
Idade (f) da Pedra	Edad (f) de Piedra	[e'ðað de 'pjeðra]
Idade (f) do Bronze	Edad (f) de Bronce	[e'ðað de 'bronθe]
Era (f) do Gelo	Edad (f) de Hielo	[e'ðað de 'jelʲo]
tribo (f)	tribu (f)	['triβu]
canibal (m)	caníbal (m)	[ka'niβalʲ]
caçador (m)	cazador (m)	[kaθa'ðor]
caçar (vi)	cazar (vi, vt)	[ka'θar]
mamute (m)	mamut (m)	[ma'mut]
caverna (f)	caverna (f)	[ka'βerna]
fogo (m)	fuego (m)	[fu'ego]
fogueira (f)	hoguera (f)	[o'gera]

pintura (f) rupestre	pintura (f) rupestre	[pin'tura ru'pestre]
ferramenta (f)	herramienta (f), útil (m)	[era'mjenta], ['utilʲ]
lança (f)	lanza (f)	['ʎanθa]
machado (m) de pedra	hacha (f) de piedra	['atʃa de 'pjeðra]
guerrear (vt)	estar en guerra	[es'tar en 'gera]
domesticar (vt)	domesticar (vt)	[domesti'kar]
ídolo (m)	ídolo (m)	['iðolʲo]
adorar, venerar (vt)	adorar (vt)	[aðo'rar]
superstição (f)	superstición (f)	[supersti'θjon]
ritual (m)	rito (m)	['rito]
evolução (f)	evolución (f)	[eβolʲu'θjon]
desenvolvimento (m)	desarrollo (m)	[desa'rojo]
extinção (f)	desaparición (f)	[desapari'θjon]
adaptar-se (vr)	adaptarse (vr)	[aðap'tarse]
arqueologia (f)	arqueología (f)	[arkeolʲo'χia]
arqueólogo (m)	arqueólogo (m)	[arke'olʲogo]
arqueológico (adj)	arqueológico (adj)	[arkeo'lʲoχiko]
escavação (sítio)	sitio (m) de excavación	['sitio de ekskaβa'θjon]
escavações (f pl)	excavaciones (f pl)	[ekskaβa'θjones]
achado (m)	hallazgo (m)	[a'jaθgo]
fragmento (m)	fragmento (m)	[fraɣ'mento]

158. Idade média

povo (m)	pueblo (m)	[pu'eβlʲo]
povos (m pl)	pueblos (m pl)	[pu'eβlʲos]
tribo (f)	tribu (f)	['triβu]
tribos (f pl)	tribus (f pl)	['triβus]
bárbaros (pl)	bárbaros (m pl)	['barβaros]
galeses (pl)	galos (m pl)	['galʲos]
godos (pl)	godos (m pl)	['goðos]
eslavos (pl)	eslavos (m pl)	[es'lʲaβos]
viquingues (pl)	vikingos (m pl)	[bi'kingos]
romanos (pl)	romanos (m pl)	[ro'manos]
romano (adj)	romano (adj)	[ro'mano]
bizantinos (pl)	bizantinos (m pl)	[biθan'tinos]
Bizâncio	Bizancio (m)	[bi'θanθio]
bizantino (adj)	bizantino (adj)	[biθan'tino]
imperador (m)	emperador (m)	[empera'ðor]
líder (m)	jefe (m)	['χefe]
poderoso (adj)	poderoso (adj)	[poðe'roso]
rei (m)	rey (m)	[rej]
governante (m)	gobernador (m)	[goβerna'ðor]
cavaleiro (m)	caballero (m)	[kaβa'jero]
senhor feudal (m)	señor (m) feudal	[se'njor feu'ðalʲ]

feudal (adj)	feudal (adj)	[feu'ðalʲ]
vassalo (m)	vasallo (m)	[ba'sajo]
duque (m)	duque (m)	['duke]
conde (m)	conde (m)	['konde]
barão (m)	barón (m)	[ba'ron]
bispo (m)	obispo (m)	[o'βispo]
armadura (f)	armadura (f)	[arma'ðura]
escudo (m)	escudo (m)	[es'kuðo]
espada (f)	espada (f)	[es'paða]
viseira (f)	visera (f)	[bi'sera]
cota (f) de malha	cota (f) de malla	['kota de 'maja]
cruzada (f)	cruzada (f)	[kru'θaða]
cruzado (m)	cruzado (m)	[kru'θaðo]
território (m)	territorio (m)	[teri'torio]
atacar (vt)	atacar (vt)	[ata'kar]
conquistar (vt)	conquistar (vt)	[koŋkis'tar]
ocupar, invadir (vt)	ocupar (vt)	[oku'par]
assédio, sítio (m)	asedio (m), sitio (m)	[a'seðio], ['sitio]
sitiado (adj)	sitiado (adj)	[si'tjaðo]
assediar, sitiar (vt)	asediar, sitiar	[ase'ðjar], [si'tjar]
inquisição (f)	inquisición (f)	[iŋkisi'θjon]
inquisidor (m)	inquisidor (m)	[iŋkisi'ðor]
tortura (f)	tortura (f)	[tor'tura]
cruel (adj)	cruel (adj)	[kru'elʲ]
herege (m)	hereje (m)	[e'reχe]
heresia (f)	herejía (f)	[ere'χia]
navegação (f) marítima	navegación (f) marítima	[naβega'θjon ma'ritima]
pirata (m)	pirata (m)	[pi'rata]
pirataria (f)	piratería (f)	[pirate'ria]
abordagem (f)	abordaje (m)	[aβor'ðaχe]
presa (f), butim (m)	botín (m)	[bo'tin]
tesouros (m pl)	tesoros (m pl)	[te'soros]
descobrimento (m)	descubrimiento (m)	[deskuβri'mjento]
descobrir (novas terras)	descubrir (vt)	[desku'βrir]
expedição (f)	expedición (f)	[ekspeði'θjon]
mosqueteiro (m)	mosquetero (m)	[moske'tero]
cardeal (m)	cardenal (m)	[karðe'nalʲ]
heráldica (f)	heráldica (f)	[e'ralʲdika]
heráldico (adj)	heráldico (adj)	[e'ralʲdiko]

159. Líder. Chefe. Autoridades

rei (m)	rey (m)	[rej]
rainha (f)	reina (f)	['rejna]
real (adj)	real (adj)	[re'alʲ]

reino (m)	reino (m)	['rejno]
príncipe (m)	príncipe (m)	['prinθipe]
princesa (f)	princesa (f)	[prin'θesa]
presidente (m)	presidente (m)	[presi'ðente]
vice-presidente (m)	vicepresidente (m)	['biθe·presi'ðente]
senador (m)	senador (m)	[sena'ðor]
monarca (m)	monarca (m)	[mo'narka]
governante (m)	gobernador (m)	[goβerna'ðor]
ditador (m)	dictador (m)	[dikta'ðor]
tirano (m)	tirano (m)	[ti'rano]
magnata (m)	magnate (m)	[maɣ'nate]
diretor (m)	director (m)	[direk'tor]
chefe (m)	jefe (m)	['xefe]
gerente (m)	gerente (m)	[xe'rente]
patrão (m)	amo (m)	['amo]
dono (m)	dueño (m)	[du'enjo]
líder (m)	jefe (m), líder (m)	['xefe], ['liðer]
chefe (m)	jefe (m)	['xefe]
autoridades (f pl)	autoridades (f pl)	[autori'ðaðes]
superiores (m pl)	superiores (m pl)	[supe'rjores]
governador (m)	gobernador (m)	[goβerna'ðor]
cônsul (m)	cónsul (m)	['konsulʲ]
diplomata (m)	diplomático (m)	[diplʲo'matiko]
Presidente (m) da Câmara	alcalde (m)	[alʲˈkalʲde]
xerife (m)	sheriff (m)	[ʃe'rif]
imperador (m)	emperador (m)	[empera'ðor]
czar (m)	zar (m)	[θar]
faraó (m)	faraón (m)	[fara'on]
cã, khan (m)	jan (m), kan (m)	[xan]

160. Violação da lei. Criminosos. Parte 1

bandido (m)	bandido (m)	[ban'diðo]
crime (m)	crimen (m)	['krimen]
criminoso (m)	criminal (m)	[krimi'nalʲ]
ladrão (m)	ladrón (m)	[lʲa'ðron]
roubar (vt)	robar (vt)	[ro'βar]
furto, roubo (m)	robo (m)	['roβo]
raptar, sequestrar (vt)	secuestrar (vt)	[sekues'trar]
sequestro (m)	secuestro (m)	[seku'estro]
sequestrador (m)	secuestrador (m)	[sekuestra'ðor]
resgate (m)	rescate (m)	[res'kate]
pedir resgate	exigir un rescate	[eksi'xir un res'kate]
roubar (vt)	robar (vt)	[ro'βar]
assalto, roubo (m)	robo (m)	['roβo]

assaltante (m)	atracador (m)	[atraka'ðor]
extorquir (vt)	extorsionar (vt)	[ekstorsjo'nar]
extorsionário (m)	extorsionista (m)	[ekstorsjo'nista]
extorsão (f)	extorsión (f)	[ekstor'sjon]

matar, assassinar (vt)	matar, asesinar (vt)	[ma'tar], [asesi'nar]
homicídio (m)	asesinato (m)	[asesi'nato]
homicida, assassino (m)	asesino (m)	[ase'sino]

tiro (m)	tiro (m), disparo (m)	['tiro], [dis'paro]
dar um tiro	disparar (vi)	[dispa'rar]
matar a tiro	matar (vt)	[ma'tar]
disparar, atirar (vi)	tirar (vi)	[ti'rar]
tiroteio (m)	tiroteo (m)	[tiro'teo]

incidente (m)	incidente (m)	[inθi'ðente]
briga (~ de rua)	pelea (f)	[pe'lea]
Socorro!	¡Socorro!	[so'koro]
vítima (f)	víctima (f)	['biktima]
danificar (vt)	perjudicar (vt)	[perχuði'kar]
dano (m)	daño (m)	['danjo]
cadáver (m)	cadáver (m)	[ka'ðaβer]
grave (adj)	grave (adj)	['graβe]

atacar (vt)	atacar (vt)	[ata'kar]
bater (espancar)	pegar (vt)	[pe'gar]
espancar (vt)	apporear (vt)	[appore'ar]
tirar, roubar (dinheiro)	quitar (vt)	[ki'tar]
esfaquear (vt)	acuchillar (vt)	[akutʃi'jar]
mutilar (vt)	mutilar (vt)	[muti'lʲar]
ferir (vt)	herir (vt)	[e'rir]

chantagem (f)	chantaje (m)	[tʃan'taχe]
chantagear (vt)	hacer chantaje	[a'θer tʃan'taχe]
chantagista (m)	chantajista (m)	[tʃanta'χista]

extorsão (f)	extorsión (f)	[ekstor'sjon]
extorsionário (m)	extorsionador (m)	[ekstorsjona'ðor]
gângster (m)	gángster (m)	['ganster]
máfia (f)	mafia (f)	['mafia]

punguista (m)	carterista (m)	[karte'rista]
assaltante, ladrão (m)	ladrón (m) de viviendas	[lʲa'ðron de bi'βjendas]
contrabando (m)	contrabandismo (m)	[kontraβan'dismo]
contrabandista (m)	contrabandista (m)	[kontraβan'dista]

falsificação (f)	falsificación (f)	[falʲsifika'θjon]
falsificar (vt)	falsificar (vt)	[falʲsifi'kar]
falsificado (adj)	falso, falsificado	['falʲso], [falʲsifi'kaðo]

161. Violação da lei. Criminosos. Parte 2

estupro (m)	violación (f)	[biolʲa'θjon]
estuprar (vt)	violar (vt)	[bio'lʲar]

estuprador (m)	violador (m)	[biol'a'ðor]
maníaco (m)	maniaco (m)	[mani'ako]

prostituta (f)	prostituta (f)	[prosti'tuta]
prostituição (f)	prostitución (f)	[prostitu'θjon]
cafetão (m)	chulo (m), proxeneta (m)	['ʧulʲo], [prokse'neta]

drogado (m)	drogadicto (m)	[droɣ·a'ðikto]
traficante (m)	narcotraficante (m)	[narko·trafi'kante]

explodir (vt)	hacer explotar	[a'θer eksplʲo'tar]
explosão (f)	explosión (f)	[eksplʲo'sjon]
incendiar (vt)	incendiar (vt)	[inθen'djar]
incendiário (m)	incendiario (m)	[inθen'djario]

terrorismo (m)	terrorismo (m)	[tero'rismo]
terrorista (m)	terrorista (m)	[tero'rista]
refém (m)	rehén (m)	[re'en]

enganar (vt)	estafar (vt)	[esta'far]
engano (m)	estafa (f)	[es'tafa]
vigarista (m)	estafador (m)	[estafa'ðor]

subornar (vt)	sobornar (vt)	[soβor'nar]
suborno (atividade)	soborno (m)	[so'βorno]
suborno (dinheiro)	soborno (m)	[so'βorno]

veneno (m)	veneno (m)	[be'neno]
envenenar (vt)	envenenar (vt)	[embene'nar]
envenenar-se (vr)	envenenarse (vr)	[embene'narse]

suicídio (m)	suicidio (m)	[sui'θiðio]
suicida (m)	suicida (m, f)	[sui'θiða]

ameaçar (vt)	amenazar (vt)	[amena'θar]
ameaça (f)	amenaza (f)	[ame'nasa]
atentar contra a vida de …	atentar (vi)	[aten'tar]
atentado (m)	atentado (m)	[aten'taðo]

roubar (um carro)	robar (vt)	[ro'βar]
sequestrar (um avião)	secuestrar (vt)	[sekues'trar]

vingança (f)	venganza (f)	[ben'ganθa]
vingar (vt)	vengar (vt)	[ben'gar]

torturar (vt)	torturar (vt)	[tortu'rar]
tortura (f)	tortura (f)	[tor'tura]
atormentar (vt)	atormentar (vt)	[atormen'tar]

pirata (m)	pirata (m)	[pi'rata]
desordeiro (m)	gamberro (m)	[gam'bero]
armado (adj)	armado (adj)	[ar'maðo]
violência (f)	violencia (f)	[bio'lenθia]
ilegal (adj)	ilegal (adj)	[ile'galʲ]
espionagem (f)	espionaje (m)	[espjo'naχe]
espionar (vi)	espiar (vi, vt)	[espi'jar]

162. Polícia. Lei. Parte 1

justiça (sistema de ~)	justicia (f)	[χus'tiθia]
tribunal (m)	tribunal (m)	[triβu'naǀ]
juiz (m)	juez (m)	[χu'eθ]
jurados (m pl)	jurados (m pl)	[χu'raðos]
tribunal (m) do júri	tribunal (m) de jurados	[triβu'naǀ de χu'raðos]
julgar (vt)	juzgar (vt)	[χuθ'gar]
advogado (m)	abogado (m)	[aβo'gaðo]
réu (m)	acusado (m)	[aku'saðo]
banco (m) dos réus	banquillo (m) de los acusados	[baŋ'kijo de los aku'saðos]
acusação (f)	inculpación (f)	[iŋkulǀpa'θjon]
acusado (m)	inculpado (m)	[iŋkulǀ'paðo]
sentença (f)	sentencia (f)	[sen'tenθia]
sentenciar (vt)	sentenciar (vt)	[senten'θjar]
culpado (m)	culpable (m)	[kulǀ'paβle]
punir (vt)	castigar (vt)	[kasti'gar]
punição (f)	castigo (m)	[kas'tigo]
multa (f)	multa (f)	['mulǀta]
prisão (f) perpétua	cadena (f) perpetua	[ka'ðena per'petua]
pena (f) de morte	pena (f) de muerte	['pena de mu'erte]
cadeira (f) elétrica	silla (f) eléctrica	['sija e'lektrika]
forca (f)	horca (f)	['orka]
executar (vt)	ejecutar (vt)	[eχeku'tar]
execução (f)	ejecución (f)	[eχeku'θjon]
prisão (f)	prisión (f)	[pri'sjon]
cela (f) de prisão	celda (f)	['θelǀda]
escolta (f)	escolta (f)	[es'kolǀta]
guarda (m) prisional	guardia (m) de prisiones	[gu'arðja de pri'sjones]
preso, prisioneiro (m)	prisionero (m)	[prisjo'nero]
algemas (f pl)	esposas (f pl)	[es'posas]
algemar (vt)	esposar (vt)	[espo'sar]
fuga, evasão (f)	escape (m)	[es'kape]
fugir (vi)	escaparse (vr)	[eska'parse]
desaparecer (vi)	desaparecer (vi)	[desapare'θer]
soltar, libertar (vt)	liberar (vt)	[liβe'rar]
anistia (f)	amnistía (f)	[amnis'tia]
polícia (instituição)	policía (f)	[poli'θia]
polícia (m)	policía (m)	[poli'θia]
delegacia (f) de polícia	comisaría (f) de policía	[komisa'ria de poli'θia]
cassetete (m)	porra (f)	['pora]
megafone (m)	megáfono (m)	[me'ɣafono]

carro (m) de patrulha	coche (m) patrulla	['koʧe pa'truja]
sirene (f)	sirena (f)	[si'rena]
ligar a sirene	poner la sirena	[po'ner ˡa si'rena]
toque (m) da sirene	sonido (m) de sirena	[so'niðo de si'rena]

cena (f) do crime	escena (f) del delito	[e'θeno delˡ de'lito]
testemunha (f)	testigo (m)	[tes'tigo]
liberdade (f)	libertad (f)	[liβer'taθ]
cúmplice (m)	cómplice (m)	['kompliθe]
escapar (vi)	escapar de …	[eska'par de]
traço (não deixar ~s)	rastro (m)	['rastro]

163. Polícia. Lei. Parte 2

procura (f)	búsqueda (f)	['buskeða]
procurar (vt)	buscar (vt)	[bus'kar]
suspeita (f)	sospecha (f)	[sos'peʧa]
suspeito (adj)	sospechoso (adj)	[sospe'ʧoso]
parar (veículo, etc.)	parar (vt)	[pa'rar]
deter (fazer parar)	retener (vt)	[rete'ner]

caso (~ criminal)	causa (f)	['kausa]
investigação (f)	investigación (f)	[imbestiga'θjon]
detetive (m)	detective (m)	[detek'tiβe]
investigador (m)	investigador (m)	[imbestiga'ðor]
versão (f)	versión (f)	[ber'sjon]

motivo (m)	motivo (m)	[mo'tiβo]
interrogatório (m)	interrogatorio (m)	[interoga'torio]
interrogar (vt)	interrogar (vt)	[intero'gar]
questionar (vt)	interrogar (vt)	[intero'gar]
verificação (f)	control (m)	[kon'trolˡ]

batida (f) policial	redada (f)	[re'ðaða]
busca (f)	registro (m)	[re'χistro]
perseguição (f)	persecución (f)	[perseku'θjon]
perseguir (vt)	perseguir (vt)	[perse'gir]
seguir, rastrear (vt)	rastrear (vt)	[rastre'ar]

prisão (f)	arresto (m)	[a'resto]
prender (vt)	arrestar (vt)	[ares'tar]
pegar, capturar (vt)	capturar (vt)	[kaptu'rar]
captura (f)	captura (f)	[kap'tura]

documento (m)	documento (m)	[doku'mento]
prova (f)	prueba (f)	[pru'eβa]
provar (vt)	probar (vt)	[pro'βar]
pegada (f)	huella (f)	[u'eja]
impressões (f pl) digitais	huellas (f pl) digitales	[u'ejas diχi'tales]
prova (f)	elemento (m) de prueba	[ele'mento de pru'eβa]

álibi (m)	coartada (f)	[koar'taða]
inocente (adj)	inocente (adj)	[ino'θente]
injustiça (f)	injusticia (f)	[inχus'tiθia]

injusto (adj)	injusto (adj)	[in'χusto]
criminal (adj)	criminal (adj)	[krimi'nalʲ]
confiscar (vt)	confiscar (vt)	[komfis'kar]
droga (f)	narcótico (m)	[nar'kotiko]
arma (f)	arma (f)	['arma]
desarmar (vt)	desarmar (vt)	[desar'mar]
ordenar (vt)	ordenar (vt)	[orðe'nar]
desaparecer (vi)	desaparecer (vi)	[desapare'θer]

lei (f)	ley (f)	[lej]
legal (adj)	legal (adj)	[le'galʲ]
ilegal (adj)	ilegal (adj)	[ile'galʲ]

| responsabilidade (f) | responsabilidad (f) | [responsaβili'ðað] |
| responsável (adj) | responsable (adj) | [respon'saβle] |

NATUREZA

A Terra. Parte 1

164. Espaço sideral

espaço, cosmo (m)	cosmos (m)	['kosmos]
espacial, cósmico (adj)	espacial, cósmico (adj)	[espa'θjalʲ], ['kosmiko]
espaço (m) cósmico	espacio (m) cósmico	[es'paθjo 'kosmiko]
mundo (m)	mundo (m)	['mundo]
universo (m)	universo (m)	[uni'βerso]
galáxia (f)	galaxia (f)	[ga'lʲaksia]
estrela (f)	estrella (f)	[es'treja]
constelação (f)	constelación (f)	[konstelʲa'θjon]
planeta (m)	planeta (m)	[plʲa'neta]
satélite (m)	satélite (m)	[sa'telite]
meteorito (m)	meteorito (m)	[meteo'rito]
cometa (m)	cometa (m)	[ko'meta]
asteroide (m)	asteroide (m)	[aste'roiðe]
órbita (f)	órbita (f)	['orβita]
girar (vi)	girar (vi)	[xi'rar]
atmosfera (f)	atmósfera (f)	[að'mosfera]
Sol (m)	Sol (m)	[solʲ]
Sistema (m) Solar	sistema (m) solar	[sis'tema so'lʲar]
eclipse (m) solar	eclipse (m) de Sol	[e'klipse de solʲ]
Terra (f)	Tierra (f)	['tjera]
Lua (f)	Luna (f)	['lʲuna]
Marte (m)	Marte (m)	['marte]
Vênus (f)	Venus (f)	['benus]
Júpiter (m)	Júpiter (m)	['χupiter]
Saturno (m)	Saturno (m)	[sa'turno]
Mercúrio (m)	Mercurio (m)	[mer'kurio]
Urano (m)	Urano (m)	[u'rano]
Netuno (m)	Neptuno (m)	[nep'tuno]
Plutão (m)	Plutón (m)	[plʲu'ton]
Via Láctea (f)	la Vía Láctea	[lʲa 'bia 'lʲaktea]
Ursa Maior (f)	la Osa Mayor	[lʲa 'osa ma'jor]
Estrela Polar (f)	la Estrella Polar	[lʲa es'treja po'lʲar]
marciano (m)	marciano (m)	[mar'θjano]
extraterrestre (m)	extraterrestre (m)	[ekstrate'restre]

alienígena (m)	planetícola (m)	[plʲaneˈtikolʲa]
disco (m) voador	platillo (m) volante	[plʲaˈtijo boˈlʲante]
espaçonave (f)	nave (f) espacial	[ˈnaβe espaˈθjalʲ]
estação (f) orbital	estación (f) orbital	[estaˈθjon orβiˈtalʲ]
lançamento (m)	despegue (m)	[desˈpege]
motor (m)	motor (m)	[moˈtor]
bocal (m)	tobera (f)	[toˈβera]
combustível (m)	combustible (m)	[kombusˈtiβle]
cabine (f)	carlinga (f)	[karˈlinga]
antena (f)	antena (f)	[anˈtena]
vigia (f)	ventana (f)	[benˈtana]
bateria (f) solar	batería (f) solar	[bateˈria soˈlʲar]
traje (m) espacial	escafandra (f)	[eskaˈfandra]
imponderabilidade (f)	ingravidez (f)	[ingraβiˈðeθ]
oxigênio (m)	oxígeno (m)	[oˈksiχeno]
acoplagem (f)	atraque (m)	[aˈtrake]
fazer uma acoplagem	realizar el atraque	[realiˈθar elʲ aˈtrake]
observatório (m)	observatorio (m)	[oβserˈβatorio]
telescópio (m)	telescopio (m)	[telesˈkopio]
observar (vt)	observar (vt)	[oβserˈβar]
explorar (vt)	explorar (vt)	[eksplʲoˈrar]

165. A Terra

Terra (f)	Tierra (f)	[ˈtjera]
globo terrestre (Terra)	globo (m) terrestre	[ˈglʲoβo teˈrestre]
planeta (m)	planeta (m)	[plʲaˈneta]
atmosfera (f)	atmósfera (f)	[aðˈmosfera]
geografia (f)	geografía (f)	[χeoɣraˈfia]
natureza (f)	naturaleza (f)	[naturaˈleθa]
globo (mapa esférico)	globo (m) terráqueo	[ˈglʲoβo teˈrakeo]
mapa (m)	mapa (m)	[ˈmapa]
atlas (m)	atlas (m)	[ˈatlʲas]
Europa (f)	Europa (f)	[euˈropa]
Ásia (f)	Asia (f)	[ˈasia]
África (f)	África (f)	[ˈafrika]
Austrália (f)	Australia (f)	[ausˈtralia]
América (f)	América (f)	[aˈmerika]
América (f) do Norte	América (f) del Norte	[aˈmerika delʲ ˈnorte]
América (f) do Sul	América (f) del Sur	[aˈmerika delʲ ˈsur]
Antártida (f)	Antártida (f)	[anˈtartiða]
Ártico (m)	Ártico (m)	[ˈartiko]

166. Pontos cardeais

norte (m)	norte (m)	['norte]
para norte	al norte	[alʲ 'norte]
no norte	en el norte	[en elʲ 'norte]
do norte (adj)	del norte (adj)	[delʲ 'norte]
sul (m)	sur (m)	[sur]
para sul	al sur	[alʲ sur]
no sul	en el sur	[en elʲ sur]
do sul (adj)	del sur (adj)	[delʲ sur]
oeste, ocidente (m)	oeste (m)	[o'este]
para oeste	al oeste	[alʲ o'este]
no oeste	en el oeste	[en elʲ o'este]
ocidental (adj)	del oeste (adj)	[delʲ o'este]
leste, oriente (m)	este (m)	['este]
para leste	al este	[alʲ 'este]
no leste	en el este	[en elʲ 'este]
oriental (adj)	del este (adj)	[delʲ 'este]

167. Mar. Oceano

mar (m)	mar (m)	[mar]
oceano (m)	océano (m)	[o'θeano]
golfo (m)	golfo (m)	['golʲfo]
estreito (m)	estrecho (m)	[es'tretʃo]
terra (f) firme	tierra (f) firme	['tjera 'firme]
continente (m)	continente (m)	[konti'nente]
ilha (f)	isla (f)	['islʲa]
península (f)	península (f)	[pe'ninsulʲa]
arquipélago (m)	archipiélago (m)	[artʃipi'elʲago]
baía (f)	bahía (f)	[ba'ia]
porto (m)	ensenada, bahía (f)	[ba'ia]
lagoa (f)	laguna (f)	[lʲa'guna]
cabo (m)	cabo (m)	['kaβo]
atol (m)	atolón (m)	[ato'lʲon]
recife (m)	arrecife (m)	[are'θife]
coral (m)	coral (m)	[ko'ralʲ]
recife (m) de coral	arrecife (m) de coral	[are'θife de ko'ralʲ]
profundo (adj)	profundo (adj)	[pro'fundo]
profundidade (f)	profundidad (f)	[profundi'ðað]
abismo (m)	abismo (m)	[a'βismo]
fossa (f) oceânica	fosa (f) oceánica	['fosa oθe'anika]
corrente (f)	corriente (f)	[ko'rjente]
banhar (vt)	bañar (vt)	[ba'njar]
litoral (m)	orilla (f)	[o'rija]

costa (f)	costa (f)	['kosta]
maré (f) alta	flujo (m)	['flʲuχo]
refluxo (m)	reflujo (m)	[re'flʲuχo]
restinga (f)	banco (m) de arena	['baŋko de a'rena]
fundo (m)	fondo (m)	['fondo]
onda (f)	ola (f)	['olʲa]
crista (f) da onda	cresta (f) de la ola	['kresta de lʲa 'olʲa]
espuma (f)	espuma (f)	[es'puma]
tempestade (f)	tempestad (f)	[tempes'tað]
furacão (m)	huracán (m)	[ura'kan]
tsunami (m)	tsunami (m)	[tsu'nami]
calmaria (f)	bonanza (f)	[bo'nanθa]
calmo (adj)	calmo, tranquilo (adj)	['kalʲmo], [traŋ'kilʲo]
polo (m)	polo (m)	['polʲo]
polar (adj)	polar (adj)	[po'lʲar]
latitude (f)	latitud (f)	[lʲati'tuð]
longitude (f)	longitud (f)	[lʲonχi'tuð]
paralela (f)	paralelo (m)	[para'lelʲo]
equador (m)	ecuador (m)	[ekua'ðor]
céu (m)	cielo (m)	['θjelʲo]
horizonte (m)	horizonte (m)	[ori'θonte]
ar (m)	aire (m)	['aire]
farol (m)	faro (m)	['faro]
mergulhar (vi)	bucear (vi)	[buθe'ar]
afundar-se (vr)	hundirse (vr)	[un'dirse]
tesouros (m pl)	tesoros (m pl)	[te'soros]

168. Montanhas

montanha (f)	montaña (f)	[mon'tanja]
cordilheira (f)	cadena (f) de montañas	[ka'ðena de mon'tanjas]
serra (f)	cresta (f) de montañas	['kresta de mon'tanjas]
cume (m)	cima (f)	['θima]
pico (m)	pico (m)	['piko]
pé (m)	pie (m)	[pje]
declive (m)	cuesta (f)	[ku'esta]
vulcão (m)	volcán (m)	[bolʲ'kan]
vulcão (m) ativo	volcán (m) activo	[bolʲ'kan ak'tiβo]
vulcão (m) extinto	volcán (m) apagado	[bolʲ'kan apa'gaðo]
erupção (f)	erupción (f)	[erup'θjon]
cratera (f)	cráter (m)	['krater]
magma (m)	magma (m)	['maɣma]
lava (f)	lava (f)	['lʲaβa]
fundido (lava ~a)	fundido (adj)	[fun'diðo]
cânion, desfiladeiro (m)	cañón (m)	[ka'njon]

garganta (f)	desfiladero (m)	[desfiⁱa'ðero]
fenda (f)	grieta (f)	[gri'eta]
precipício (m)	precipicio (m)	[preθi'piθio]

passo, colo (m)	puerto (m)	[pu'erto]
planalto (m)	meseta (f)	[me'seta]
falésia (f)	roca (f)	['roka]
colina (f)	colina (f)	[ko'lina]

geleira (f)	glaciar (m)	[glⁱa'θjar]
cachoeira (f)	cascada (f)	[kas'kaða]
gêiser (m)	geiser (m)	['χejser]
lago (m)	lago (m)	['lⁱago]

planície (f)	llanura (f)	[ja'nura]
paisagem (f)	paisaje (m)	[paj'saχe]
eco (m)	eco (m)	['eko]

alpinista (m)	alpinista (m)	[alⁱpi'nista]
escalador (m)	escalador (m)	[eskalⁱa'ðor]
conquistar (vt)	conquistar (vt)	[koŋkis'tar]
subida, escalada (f)	ascensión (f)	[aθen'sjon]

169. Rios

rio (m)	río (m)	['rio]
fonte, nascente (f)	manantial (m)	[manan'tjalⁱ]
leito (m) de rio	lecho (m)	['letʃo]
bacia (f)	cuenca (f) fluvial	[ku'eŋka flⁱu'βjalⁱ]
desaguar no …	desembocar en …	[desembo'kar en]

afluente (m)	afluente (m)	[aflⁱu'ente]
margem (do rio)	orilla (f), ribera (f)	[o'rija], [ri'βera]

corrente (f)	corriente (f)	[ko'rjente]
rio abaixo	río abajo (adv)	['rio a'βaχo]
rio acima	río arriba (adv)	['rio a'riβa]

inundação (f)	inundación (f)	[inunda'θjon]
cheia (f)	riada (f)	['rjaða]
transbordar (vi)	desbordarse (vr)	[desβor'ðarse]
inundar (vt)	inundar (vt)	[inun'dar]

banco (m) de areia	bajo (m) arenoso	['baχo are'noso]
corredeira (f)	rápido (m)	['rapiðo]

barragem (f)	presa (f)	['presa]
canal (m)	canal (m)	[ka'nalⁱ]
reservatório (m) de água	lago (m) artificiale	['lⁱago artifi'θjale]
eclusa (f)	esclusa (f)	[es'klⁱusa]

corpo (m) de água	cuerpo (m) de agua	[ku'erpo de 'agua]
pântano (m)	pantano (m)	[pan'tano]
lamaçal (m)	ciénaga (f)	['θjenaga]

redemoinho (m)	remolino (m)	[remo'lino]
riacho (m)	arroyo (m)	[a'rojo]
potável (adj)	potable (adj)	[po'taβle]
doce (água)	dulce (adj)	['dulʲθe]
gelo (m)	hielo (m)	['jelʲo]
congelar-se (vr)	helarse (vr)	[e'lʲarse]

170. Floresta

floresta (f), bosque (m)	bosque (m)	['boske]
florestal (adj)	de bosque (adj)	[de 'boske]
mata (f) fechada	espesura (f)	[espe'sura]
arvoredo (m)	bosquecillo (m)	[bokse'θijo]
clareira (f)	claro (m)	['klʲaro]
matagal (m)	maleza (f)	[ma'leθa]
mato (m), caatinga (f)	matorral (m)	[mato'ralʲ]
pequena trilha (f)	senda (f)	['senda]
ravina (f)	barranco (m)	[ba'raŋko]
árvore (f)	árbol (m)	['arβolʲ]
folha (f)	hoja (f)	['oχa]
folhagem (f)	follaje (m)	[fo'jaχe]
queda (f) das folhas	caída (f) de hojas	[ka'iða de 'oχas]
cair (vi)	caer (vi)	[ka'er]
topo (m)	cima (f)	['θima]
ramo (m)	rama (f)	['rama]
galho (m)	rama (f)	['rama]
botão (m)	brote (m)	['brote]
agulha (f)	aguja (f)	[a'guχa]
pinha (f)	piña (f)	['pinja]
buraco (m) de árvore	agujero (m)	[agu'χero]
ninho (m)	nido (m)	['niðo]
tronco (m)	tronco (m)	['troŋko]
raiz (f)	raíz (f)	[ra'iθ]
casca (f) de árvore	corteza (f)	[kor'teθa]
musgo (m)	musgo (m)	['musgo]
arrancar pela raiz	extirpar (vt)	[estir'par]
cortar (vt)	talar (vt)	[ta'lʲar]
desflorestar (vt)	deforestar (vt)	[defores'tar]
toco, cepo (m)	tocón (m)	[to'kon]
fogueira (f)	hoguera (f)	[o'gera]
incêndio (m) florestal	incendio (m) forestal	[in'θendjo fores'talʲ]
apagar (vt)	apagar (vt)	[apa'gar]
guarda-parque (m)	guarda (m) forestal	[gu'arða fores'talʲ]

proteção (f)	protección (f)	[protek'θjon]
proteger (a natureza)	proteger (vt)	[prote'xer]
caçador (m) furtivo	cazador (m) furtivo	[kaθa'ðor fur'tiβo]
armadilha (f)	cepo (m)	['θepo]

| colher (cogumelos, bagas) | recoger (vt) | [reko'xer] |
| perder-se (vr) | perderse (vr) | [per'ðerse] |

171. Recursos naturais

recursos (m pl) naturais	recursos (m pl) naturales	[re'kursos natu'rales]
minerais (m pl)	recursos (m pl) subterráneos	[re'kursos suβte'raneos]
depósitos (m pl)	depósitos (m pl)	[de'positos]
jazida (f)	yacimiento (m)	[jaθi'mjento]

extrair (vt)	extraer (vt)	[ekstra'er]
extração (f)	extracción (f)	[ekstrak'θjon]
minério (m)	mena (f)	['mena]
mina (f)	mina (f)	['mina]
poço (m) de mina	pozo (m) de mina	['poθo de 'mina]
mineiro (m)	minero (m)	[mi'nero]

| gás (m) | gas (m) | [gas] |
| gasoduto (m) | gasoducto (m) | [gaso'ðukto] |

petróleo (m)	petróleo (m)	[pe'troleo]
oleoduto (m)	oleoducto (m)	[oleo'ðukto]
poço (m) de petróleo	pozo (m) de petróleo	['poθo de pe'troleo]
torre (f) petrolífera	torre (f) de sondeo	['tore de son'deo]
petroleiro (m)	petrolero (m)	[petro'lero]

areia (f)	arena (f)	[a'rena]
calcário (m)	caliza (f)	[ka'liθa]
cascalho (m)	grava (f)	['graβa]
turfa (f)	turba (f)	['turβa]
argila (f)	arcilla (f)	[ar'θija]
carvão (m)	carbón (m)	[kar'βon]

ferro (m)	hierro (m)	['jero]
ouro (m)	oro (m)	['oro]
prata (f)	plata (f)	['plʲata]
níquel (m)	níquel (m)	['nikelʲ]
cobre (m)	cobre (m)	['koβre]

| zinco (m) | zinc (m) | [θiŋk] |
| manganês (m) | manganeso (m) | [manga'neso] |

| mercúrio (m) | mercurio (m) | [mer'kurio] |
| chumbo (m) | plomo (m) | ['plʲomo] |

mineral (m)	mineral (m)	[mine'ralʲ]
cristal (m)	cristal (m)	[kris'talʲ]
mármore (m)	mármol (m)	['marmolʲ]
urânio (m)	uranio (m)	[u'ranio]

A Terra. Parte 2

172. Tempo

tempo (m)	tiempo (m)	['tjempo]
previsão (f) do tempo	previsión (f) del tiempo	[preβi'sjon delʲ 'tjempo]
temperatura (f)	temperatura (f)	[tempera'tura]
termômetro (m)	termómetro (m)	[ter'mometro]
barômetro (m)	barómetro (m)	[ba'rometro]
úmido (adj)	húmedo (adj)	['umeðo]
umidade (f)	humedad (f)	[ume'ðað]
calor (m)	bochorno (m)	[bo'ʧorno]
tórrido (adj)	tórrido (adj)	['toriðo]
está muito calor	hace mucho calor	['aθe 'muʧo ka'lʲor]
está calor	hace calor	['aθe ka'lʲor]
quente (morno)	templado (adj)	[tem'plʲaðo]
está frio	hace frío	['aθe 'frio]
frio (adj)	frío (adj)	['frio]
sol (m)	sol (m)	[solʲ]
brilhar (vi)	brillar (vi)	[bri'jar]
de sol, ensolarado	soleado (adj)	[sole'aðo]
nascer (vi)	elevarse (vr)	[ele'βarse]
pôr-se (vr)	ponerse (vr)	[po'nerse]
nuvem (f)	nube (f)	['nuβe]
nublado (adj)	nuboso (adj)	[nu'βoso]
nuvem (f) preta	nubarrón (m)	[nuβa'ron]
escuro, cinzento (adj)	nublado (adj)	[nu'βlʲaðo]
chuva (f)	lluvia (f)	['juβia]
está a chover	está lloviendo	[es'ta jo'βjendo]
chuvoso (adj)	lluvioso (adj)	[juβi'oso]
chuviscar (vi)	lloviznar (vi)	[joβiθ'nar]
chuva (f) torrencial	aguacero (m)	[agua'θero]
aguaceiro (m)	chaparrón (m)	[ʧapa'ron]
forte (chuva, etc.)	fuerte (adj)	[fu'erte]
poça (f)	charco (m)	['ʧarko]
molhar-se (vr)	mojarse (vr)	[mo'χarse]
nevoeiro (m)	niebla (f)	['njeβlʲa]
de nevoeiro	nebuloso (adj)	[neβu'lʲoso]
neve (f)	nieve (f)	['njeβe]
está nevando	está nevando	[es'ta ne'βando]

173. Tempo extremo. Catástrofes naturais

trovoada (f)	tormenta (f)	[tor'menta]
relâmpago (m)	relámpago (m)	[re'lʲampago]
relampejar (vi)	relampaguear (vi)	[relʲampage'ar]
trovão (m)	trueno (m)	[tru'eno]
trovejar (vi)	tronar (vi)	[tro'nar]
está trovejando	está tronando	[es'ta tro'nando]
granizo (m)	granizo (m)	[gra'niθo]
está caindo granizo	está granizando	[es'ta grani'θando]
inundar (vt)	inundar (vt)	[inun'dar]
inundação (f)	inundación (f)	[inunda'θjon]
terremoto (m)	terremoto (m)	[tere'moto]
abalo, tremor (m)	sacudida (f)	[saku'ðiða]
epicentro (m)	epicentro (m)	[epi'θentro]
erupção (f)	erupción (f)	[erup'θjon]
lava (f)	lava (f)	['lʲaβa]
tornado (m)	torbellino (m)	[torβe'jino]
tornado (m)	tornado (m)	[tor'naðo]
tufão (m)	tifón (m)	[ti'fon]
furacão (m)	huracán (m)	[ura'kan]
tempestade (f)	tempestad (f)	[tempes'tað]
tsunami (m)	tsunami (m)	[tsu'nami]
ciclone (m)	ciclón (m)	[θik'lʲon]
mau tempo (m)	mal tiempo (m)	[malʲ 'tjempo]
incêndio (m)	incendio (m)	[in'θendio]
catástrofe (f)	catástrofe (f)	[ka'tastrofe]
meteorito (m)	meteorito (m)	[meteo'rito]
avalanche (f)	avalancha (f)	[aβa'lʲantʃa]
deslizamento (m) de neve	alud (m) de nieve	[alʲuð de 'njeβe]
nevasca (f)	ventisca (f)	[ben'tiska]
tempestade (f) de neve	nevasca (f)	[ne'βaska]

Fauna

predador (m)	carnívoro (m)	[kar'niβoro]
tigre (m)	tigre (m)	['tiɣre]
leão (m)	león (m)	[le'on]
lobo (m)	lobo (m)	['lʲoβo]
raposa (f)	zorro (m)	['θoro]

jaguar (m)	jaguar (m)	[χagu'ar]
leopardo (m)	leopardo (m)	[leo'parðo]
chita (f)	guepardo (m)	[ge'parðo]

pantera (f)	pantera (f)	[pan'tera]
puma (m)	puma (f)	['puma]
leopardo-das-neves (m)	leopardo (m) de las nieves	[leo'parðo de lʲas 'njeβes]
lince (m)	lince (m)	['linθe]

coiote (m)	coyote (m)	[ko'jote]
chacal (m)	chacal (m)	[ʧa'kalʲ]
hiena (f)	hiena (f)	['jena]

| animal (m) | animal (m) | [ani'malʲ] |
| besta (f) | bestia (f) | ['bestia] |

esquilo (m)	ardilla (f)	[ar'ðija]
ouriço (m)	erizo (m)	[e'riθo]
lebre (f)	liebre (f)	['lʲeβre]
coelho (m)	conejo (m)	[ko'neχo]

texugo (m)	tejón (m)	[te'χon]
guaxinim (m)	mapache (m)	[ma'paʧe]
hamster (m)	hámster (m)	['χamster]
marmota (f)	marmota (f)	[mar'mota]

toupeira (f)	topo (m)	['topo]
rato (m)	ratón (m)	[ra'ton]
ratazana (f)	rata (f)	['rata]
morcego (m)	murciélago (m)	[mur'θjelʲago]

arminho (m)	armiño (m)	[ar'minjo]
zibelina (f)	cebellina (f)	[θeβe'jina]
marta (f)	marta (f)	['marta]
doninha (f)	comadreja (f)	[koma'ðreχa]
visom (m)	visón (m)	[bi'son]

castor (m)	castor (m)	[kas'tor]
lontra (f)	nutria (f)	['nutria]
cavalo (m)	caballo (m)	[ka'βajo]
alce (m)	alce (m)	['alʲθe]
veado (m)	ciervo (m)	['θjerβo]
camelo (m)	camello (m)	[ka'mejo]
bisão (m)	bisonte (m)	[bi'sonte]
auroque (m)	uro (m)	['uro]
búfalo (m)	búfalo (m)	['bufalʲo]
zebra (f)	cebra (f)	['θeβra]
antílope (m)	antílope (m)	[an'tilʲope]
corça (f)	corzo (m)	['korθo]
gamo (m)	gamo (m)	['gamo]
camurça (f)	gamuza (f)	[ga'muθa]
javali (m)	jabalí (m)	[χaβa'li]
baleia (f)	ballena (f)	[ba'jena]
foca (f)	foca (f)	['foka]
morsa (f)	morsa (f)	['morsa]
urso-marinho (m)	oso (m) marino	['oso ma'rino]
golfinho (m)	delfín (m)	[delʲ'fin]
urso (m)	oso (m)	['oso]
urso (m) polar	oso (m) blanco	['oso 'blʲaŋko]
panda (m)	panda (f)	['panda]
macaco (m)	mono (m)	['mono]
chimpanzé (m)	chimpancé (m)	[ʧimpan'se]
orangotango (m)	orangután (m)	[orangu'tan]
gorila (m)	gorila (m)	[go'rilʲa]
macaco (m)	macaco (m)	[ma'kako]
gibão (m)	gibón (m)	[χi'βon]
elefante (m)	elefante (m)	[ele'fante]
rinoceronte (m)	rinoceronte (m)	[rinoθe'ronte]
girafa (f)	jirafa (f)	[χi'rafa]
hipopótamo (m)	hipopótamo (m)	[ipo'potamo]
canguru (m)	canguro (m)	[kan'guro]
coala (m)	koala (f)	[ko'alʲa]
mangusto (m)	mangosta (f)	[man'gosta]
chinchila (f)	chinchilla (f)	[ʧin'ʧija]
cangambá (f)	mofeta (f)	[mo'feta]
porco-espinho (m)	espín (m)	[es'pin]

176. Animais domésticos

gata (f)	gata (f)	['gata]
gato (m) macho	gato (m)	['gato]
cão (m)	perro (m)	['pero]

cavalo (m)	caballo (m)	[ka'βajo]
garanhão (m)	garañón (m)	[gara'njon]
égua (f)	yegua (f)	['jegua]
vaca (f)	vaca (f)	['baka]
touro (m)	toro (m)	['toro]
boi (m)	buey (m)	[bu'ej]
ovelha (f)	oveja (f)	[o'βeχa]
carneiro (m)	carnero (m)	[kar'nero]
cabra (f)	cabra (f)	['kaβra]
bode (m)	cabrón (m)	[ka'βron]
burro (m)	asno (m)	['asno]
mula (f)	mulo (m)	['muljo]
porco (m)	cerdo (m)	['θerðo]
leitão (m)	cerdito (m)	[θer'ðito]
coelho (m)	conejo (m)	[ko'neχo]
galinha (f)	gallina (f)	[ga'jina]
galo (m)	gallo (m)	['gajo]
pata (f), pato (m)	pato (m)	['pato]
pato (m)	ánade (m)	['anaðe]
ganso (m)	ganso (m)	['ganso]
peru (m)	pavo (m)	['paβo]
perua (f)	pava (f)	['paβa]
animais (m pl) domésticos	animales (m pl) domésticos	[ani'males do'mestikos]
domesticado (adj)	domesticado (adj)	[domesti'kaðo]
domesticar (vt)	domesticar (vt)	[domesti'kar]
criar (vt)	criar (vt)	[kri'ar]
fazenda (f)	granja (f)	['granχa]
aves (f pl) domésticas	aves (f pl) de corral	['aβes de ko'ralj]
gado (m)	ganado (m)	[ga'njaðo]
rebanho (m), manada (f)	rebaño (m)	[re'βanjo]
estábulo (m)	caballeriza (f)	[kaβaje'riθa]
chiqueiro (m)	porqueriza (f)	[porke'riθa]
estábulo (m)	vaquería (f)	[bake'ria]
coelheira (f)	conejal (m)	[kone'χalj]
galinheiro (m)	gallinero (m)	[gaji'nero]

177. Cães. Raças de cães

cão (m)	perro (m)	['pero]
cão pastor (m)	perro (m) pastor	['pero pas'tor]
pastor-alemão (m)	pastor (m) alemán	[pas'tor ale'man]
poodle (m)	caniche (m)	[ka'nitʃe]
linguicinha (m)	teckel (m)	['tekelj]
buldogue (m)	bulldog (m)	[bulj'ðog]

boxer (m)	**bóxer** (m)	['bokser]
mastim (m)	**mastín** (m) **inglés**	[mas'tin in'gles]
rottweiler (m)	**rottweiler** (m)	[rot'bajler]
dóberman (m)	**doberman** (m)	['doβerman]
basset (m)	**basset hound** (m)	['baset 'χaund]
pastor inglês (m)	**bobtail** (m)	[boβ'tajlʲ]
dálmata (m)	**dálmata** (m)	['dalʲmata]
cocker spaniel (m)	**cocker spaniel** (m)	['koker spa'njelʲ]
terra-nova (m)	**terranova** (m)	[tera'noβa]
são-bernardo (m)	**san bernardo** (m)	[san ber'narðo]
husky (m) siberiano	**husky** (m)	['χaski]
Chow-chow (m)	**chow chow** (m)	['ʧow 'ʧow]
spitz alemão (m)	**pomerania** (m)	[pome'rania]
pug (m)	**pug** (m), **carlino** (m)	[pug], [kar'lino]

178. Sons produzidos pelos animais

latido (m)	**ladrido** (m)	[lʲa'ðriðo]
latir (vi)	**ladrar** (vi)	[lʲa'ðrar]
miar (vi)	**maullar** (vi)	[mau'jar]
ronronar (vi)	**ronronear** (vi)	[ronrone'ar]
mugir (vaca)	**mugir** (vi)	[mu'χir]
bramir (touro)	**bramar** (vi)	[bra'mar]
rosnar (vi)	**rugir** (vi)	[ru'χir]
uivo (m)	**aullido** (m)	[au'jiðo]
uivar (vi)	**aullar** (vi)	[au'jar]
ganir (vi)	**gañir** (vi)	[ga'njir]
balir (vi)	**balar** (vi)	[ba'lʲar]
grunhir (vi)	**gruñir** (vi)	[gru'njir]
guinchar (vi)	**chillar** (vi)	[ʧi'jar]
coaxar (sapo)	**croar** (vi)	[kro'ar]
zumbir (inseto)	**zumbar** (vi)	[θum'bar]
ziziar (vi)	**chirriar** (vi)	[ʧi'rjar]

179. Pássaros

pássaro (m), ave (f)	**pájaro** (m)	['paχaro]
pombo (m)	**paloma** (f)	[pa'lʲoma]
pardal (m)	**gorrión** (m)	[gori'jon]
chapim-real (m)	**carbonero** (m)	[karβo'nero]
pega-rabuda (f)	**urraca** (f)	[u'raka]
corvo (m)	**cuervo** (m)	[ku'erβo]
gralha-cinzenta (f)	**corneja** (f)	[kor'neχa]
gralha-de-nuca-cinzenta (f)	**chova** (f)	['ʧoβa]

gralha-calva (f)	grajo (m)	['graχo]
pato (m)	pato (m)	['pato]
ganso (m)	ganso (m)	['ganso]
faisão (m)	faisán (m)	[faj'san]
águia (f)	águila (f)	['agiˡa]
açor (m)	azor (m)	[a'θor]
falcão (m)	halcón (m)	[alˡ'kon]
abutre (m)	buitre (m)	[bu'itre]
condor (m)	cóndor (m)	['kondor]
cisne (m)	cisne (m)	['θisne]
grou (m)	grulla (f)	['gruja]
cegonha (f)	cigüeña (f)	[θiχu'enja]
papagaio (m)	loro (m), papagayo (m)	['ˡoro], [papa'gajo]
beija-flor (m)	colibrí (m)	[koli'βri]
pavão (m)	pavo (m) real	['paβo re'alʲ]
avestruz (m)	avestruz (m)	[aβes'truθ]
garça (f)	garza (f)	['garθa]
flamingo (m)	flamenco (m)	[flˡa'meŋko]
pelicano (m)	pelícano (m)	[pe'likano]
rouxinol (m)	ruiseñor (m)	[ruise'njor]
andorinha (f)	golondrina (f)	[goˡon'drina]
tordo-zornal (m)	tordo (m)	['torðo]
tordo-músico (m)	zorzal (m)	[θor'θalʲ]
melro-preto (m)	mirlo (m)	['mirˡo]
andorinhão (m)	vencejo (m)	[ben'θeχo]
cotovia (f)	alondra (f)	[a'ˡondra]
codorna (f)	codorniz (f)	[koðor'niθ]
pica-pau (m)	pájaro carpintero (m)	['paχaro karpin'tero]
cuco (m)	cuco (m)	['kuko]
coruja (f)	lechuza (f)	[le'ʧuθa]
bufo-real (m)	búho (m)	['buo]
tetraz-grande (m)	urogallo (m)	[uro'gajo]
tetraz-lira (m)	gallo lira (m)	['gajo 'lira]
perdiz-cinzenta (f)	perdiz (f)	[per'ðiθ]
estorninho (m)	estornino (m)	[estor'nino]
canário (m)	canario (m)	[ka'nario]
galinha-do-mato (f)	ortega (f)	[or'tega]
tentilhão (m)	pinzón (m)	[pin'θon]
dom-fafe (m)	camachuelo (m)	[kamaʧu'elˡo]
gaivota (f)	gaviota (f)	[ga'βjota]
albatroz (m)	albatros (m)	[alˡ'βatros]
pinguim (m)	pingüino (m)	[pingu'ino]

180. Pássaros. Canto e sons

cantar (vi)	cantar (vi)	[kan'tar]
gritar, chamar (vi)	gritar, llamar (vi)	[gri'tar], [ja'mar]
cantar (o galo)	cantar (vi)	[kan'tar]
cocorocó (m)	quiquiriquí (m)	[kikiri'ki]
cacarejar (vi)	cloquear (vi)	[klʲoke'ar]
crocitar (vi)	graznar (vi)	[graθ'nar]
grasnar (vi)	graznar, parpar (vi)	[graθ'nar], [par'par]
piar (vi)	piar (vi)	[pjar]
chilrear, gorjear (vi)	gorjear (vi)	[gorχe'ar]

181. Peixes. Animais marinhos

brema (f)	brema (f)	['brema]
carpa (f)	carpa (f)	['karpa]
perca (f)	perca (f)	['perka]
siluro (m)	siluro (m)	[si'lʲuro]
lúcio (m)	lucio (m)	['lʲuθio]
salmão (m)	salmón (m)	[salʲ'mon]
esturjão (m)	esturión (m)	[estu'rjon]
arenque (m)	arenque (m)	[a'reŋke]
salmão (m) do Atlântico	salmón (m) del Atlántico	[salʲ'mon delʲ at'lʲantiko]
cavala, sarda (f)	caballa (f)	[ka'βaja]
solha (f), linguado (m)	lenguado (m)	[lengu'aðo]
lúcio perca (m)	lucioperca (f)	[lʲuθjo'perka]
bacalhau (m)	bacalao (m)	[baka'lʲao]
atum (m)	atún (m)	[a'tun]
truta (f)	trucha (f)	['trutʃa]
enguia (f)	anguila (f)	[an'gilʲa]
raia (f) elétrica	raya (f) eléctrica	['raja e'lektrika]
moreia (f)	morena (f)	[mo'rena]
piranha (f)	piraña (f)	[pi'ranja]
tubarão (m)	tiburón (m)	[tiβu'ron]
golfinho (m)	delfín (m)	[delʲ'fin]
baleia (f)	ballena (f)	[ba'jena]
caranguejo (m)	centolla (f)	[θen'toja]
água-viva (f)	medusa (f)	[me'ðusa]
polvo (m)	pulpo (m)	['pulʲpo]
estrela-do-mar (f)	estrella (f) de mar	[es'treja de mar]
ouriço-do-mar (m)	erizo (m) de mar	[e'riθo de mar]
cavalo-marinho (m)	caballito (m) de mar	[kaβa'jito de mar]
ostra (f)	ostra (f)	['ostra]
camarão (m)	camarón (m)	[kama'ron]

lagosta (f)	**bogavante** (m)	[boga'βante]
lagosta (f)	**langosta** (f)	[lʲan'gosta]

182. Anfíbios. Répteis

cobra (f)	**serpiente** (f)	[ser'pjente]
venenoso (adj)	**venenoso** (adj)	[bene'noso]
víbora (f)	**víbora** (f)	['biβora]
naja (f)	**cobra** (f)	['koβra]
píton (m)	**pitón** (m)	[pi'ton]
jiboia (f)	**boa** (f)	['boa]
cobra-de-água (f)	**culebra** (f)	[ku'leβra]
cascavel (f)	**serpiente** (m) **de cascabel**	[ser'pjente de kaska'βelʲ]
anaconda (f)	**anaconda** (f)	[ana'konda]
lagarto (m)	**lagarto** (m)	[lʲa'garto]
iguana (f)	**iguana** (f)	[igu'ana]
varano (m)	**varano** (m)	[ba'rano]
salamandra (f)	**salamandra** (f)	[salʲa'mandra]
camaleão (m)	**camaleón** (m)	[kamale'on]
escorpião (m)	**escorpión** (m)	[eskorpi'on]
tartaruga (f)	**tortuga** (f)	[tor'tuga]
rã (f)	**rana** (f)	['rana]
sapo (m)	**sapo** (m)	['sapo]
crocodilo (m)	**cocodrilo** (m)	[koko'ðrilʲo]

183. Insetos

inseto (m)	**insecto** (m)	[in'sekto]
borboleta (f)	**mariposa** (f)	[mari'posa]
formiga (f)	**hormiga** (f)	[or'miga]
mosca (f)	**mosca** (f)	['moska]
mosquito (m)	**mosquito** (m)	[mos'kito]
escaravelho (m)	**escarabajo** (m)	[eskara'βaχo]
vespa (f)	**avispa** (f)	[a'βispa]
abelha (f)	**abeja** (f)	[a'βeχa]
mamangaba (f)	**abejorro** (m)	[aβe'χoro]
moscardo (m)	**moscardón** (m)	[moskar'ðon]
aranha (f)	**araña** (f)	[a'ranja]
teia (f) de aranha	**telaraña** (f)	[telʲa'ranja]
libélula (f)	**libélula** (f)	[li'βelʲulʲa]
gafanhoto (m)	**saltamontes** (m)	[salʲta'montes]
traça (f)	**mariposa** (f) **nocturna**	[mari'posa nok'turna]
barata (f)	**cucaracha** (f)	[kuka'ratʃa]
carrapato (m)	**garrapata** (f)	[gara'pata]

pulga (f)	pulga (f)	['pulʲga]
borrachudo (m)	mosca (f) negra	['moska 'neɣra]

gafanhoto (m)	langosta (f)	[lʲan'gosta]
caracol (m)	caracol (m)	[kara'kolʲ]
grilo (m)	grillo (m)	['grijo]
pirilampo, vaga-lume (m)	luciérnaga (f)	[lʲu'θjernaga]
joaninha (f)	mariquita (f)	[mari'kita]
besouro (m)	sanjuanero (m)	[sanχwa'nero]

sanguessuga (f)	sanguijuela (f)	[sangiχu'elʲa]
lagarta (f)	oruga (f)	[o'ruga]
minhoca (f)	lombriz (m) de tierra	[lom'briθ de 'tjera]
larva (f)	larva (f)	['lʲarβa]

184. Animais. Partes do corpo

bico (m)	pico (m)	['piko]
asas (f pl)	alas (f pl)	['alʲas]
pata (f)	pata (f)	['pata]
plumagem (f)	plumaje (m)	[plʲu'maχe]
pena, pluma (f)	pluma (f)	['plʲuma]
crista (f)	penacho (m)	[pe'natʃo]

brânquias, guelras (f pl)	branquias (f pl)	['braŋkjas]
ovas (f pl)	huevas (f pl)	[u'eβas]
larva (f)	larva (f)	['lʲarβa]
barbatana (f)	aleta (f)	[a'leta]
escama (f)	escamas (f pl)	[es'kamas]

presa (f)	colmillo (m)	[kolʲ'mijo]
pata (f)	garra (f), pata (f)	['gara], ['pata]
focinho (m)	hocico (m)	[o'θiko]
boca (f)	boca (f)	['boka]
cauda (f), rabo (m)	cola (f)	['kolʲa]
bigodes (m pl)	bigotes (m pl)	[bi'gotes]

casco (m)	casco (m)	['kasko]
corno (m)	cuerno (m)	[ku'erno]

carapaça (f)	caparazón (m)	[kapara'θon]
concha (f)	concha (f)	['kontʃa]
casca (f) de ovo	cáscara (f)	['kaskara]

pelo (m)	pelo (m)	['pelʲo]
pele (f), couro (m)	piel (f)	[pjelʲ]

185. Animais. Habitats

hábitat (m)	hábitat (m)	['aβitat]
migração (f)	migración (f)	[miɣra'θjon]
montanha (f)	montaña (f)	[mon'tanja]

recife (m)	arrecife (m)	[are'θife]
falésia (f)	roca (f)	['roka]
floresta (f)	bosque (m)	['boske]
selva (f)	jungla (f)	['χunglʲa]
savana (f)	sabana (f)	[sa'βana]
tundra (f)	tundra (f)	['tundra]
estepe (f)	estepa (f)	[es'tepa]
deserto (m)	desierto (m)	[de'sjerto]
oásis (m)	oasis (m)	[o'asis]
mar (m)	mar (m)	[mar]
lago (m)	lago (m)	['lʲago]
oceano (m)	océano (m)	[o'θeano]
pântano (m)	pantano (m)	[pan'tano]
de água doce	de agua dulce (adj)	[de 'agua 'dulʲθe]
lagoa (f)	estanque (m)	[es'taŋke]
rio (m)	río (m)	['rio]
toca (f) do urso	cubil (m)	[ku'βilʲ]
ninho (m)	nido (m)	['niðo]
buraco (m) de árvore	agujero (m)	[agu'χero]
toca (f)	madriguera (f)	[maðri'gera]
formigueiro (m)	hormiguero (m)	[ormi'gero]

Flora

árvore (f)	árbol (m)	['arβoli]
decídua (adj)	foliáceo (adj)	[foli'aθeo]
conífera (adj)	conífero (adj)	[ko'nifero]
perene (adj)	de hoja perenne	[de 'oχa pe'renne]

macieira (f)	manzano (m)	[man'θano]
pereira (f)	peral (m)	[pe'rali]
cerejeira (f)	cerezo (m)	[θe'reθo]
ginjeira (f)	guindo (m)	['gindo]
ameixeira (f)	ciruelo (m)	[θiru'elio]

bétula (f)	abedul (m)	[aβe'ðuli]
carvalho (m)	roble (m)	['roβle]
tília (f)	tilo (m)	['tilio]
choupo-tremedor (m)	pobo (m)	['poβo]
bordo (m)	arce (m)	['arθe]
espruce (m)	pícea (f)	['piθea]
pinheiro (m)	pino (m)	['pino]
alerce, lariço (m)	alerce (m)	[a'lerθe]
abeto (m)	abeto (m)	[a'βeto]
cedro (m)	cedro (m)	['θeðro]

choupo, álamo (m)	álamo (m)	['aliamo]
tramazeira (f)	serbal (m)	[ser'βali]
salgueiro (m)	sauce (m)	['sauθe]
amieiro (m)	aliso (m)	[a'liso]
faia (f)	haya (f)	['aja]
ulmeiro, olmo (m)	olmo (m)	['olimo]
freixo (m)	fresno (m)	['fresno]
castanheiro (m)	castaño (m)	[kas'tanjo]

magnólia (f)	magnolia (f)	[maɣ'nolia]
palmeira (f)	palmera (f)	[palí'mera]
cipreste (m)	ciprés (m)	[θi'pres]

mangue (m)	mangle (m)	['mangl]
embondeiro, baobá (m)	baobab (m)	[bao'βaβ]
eucalipto (m)	eucalipto (m)	[euka'lipto]
sequoia (f)	secoya (f)	[se'koja]

arbusto (m)	mata (f)	['mata]
arbusto (m), moita (f)	arbusto (m)	[ar'βusto]

173

| videira (f) | vid (f) | [biδ] |
| vinhedo (m) | viñedo (m) | [bi'njeδo] |

framboeseira (f)	frambueso (m)	[frambu'eso]
groselheira-negra (f)	grosellero (m) negro	[grose'jero 'neɣro]
groselheira-vermelha (f)	grosellero (m) rojo	[grose'jero 'roχo]
groselheira (f) espinhosa	grosellero (m) espinoso	[grose'jero espi'noso]

acácia (f)	acacia (f)	[a'kaθia]
bérberis (f)	berberís (m)	[berβe'ris]
jasmim (m)	jazmín (m)	[χaθ'min]

junípero (m)	enebro (m)	[e'neβro]
roseira (f)	rosal (m)	[ro'salʲ]
roseira (f) brava	escaramujo (m)	[eskara'muχo]

188. Cogumelos

cogumelo (m)	seta (f)	['seta]
cogumelo (m) comestível	seta (f) comestible	['seta komes'tiβle]
cogumelo (m) venenoso	seta (f) venenosa	['seta bene'nosa]
chapéu (m)	sombrerete (m)	[sombre'rete]
pé, caule (m)	estipe (m)	[es'tipe]

boleto, porcino (m)	seta calabaza (f)	['seta kalʲa'βaθa]
boleto (m) alaranjado	boleto (m) castaño	[bo'leto kas'tanjo]
boleto (m) de bétula	boleto (m) áspero	[bo'leto 'aspero]
cantarelo (m)	rebozuelo (m)	[reβoθu'elʲo]
rússula (f)	rúsula (f)	['rusulʲa]

morchella (f)	colmenilla (f)	[kolʲme'nija]
agário-das-moscas (m)	matamoscas (m)	[mata'moskas]
cicuta (f) verde	oronja (f) verde	[o'ronχa 'berδe]

189. Frutos. Bagas

fruta (f)	fruto (m)	['fruto]
frutas (f pl)	frutos (m pl)	['frutos]
maçã (f)	manzana (f)	[man'θana]
pera (f)	pera (f)	['pera]
ameixa (f)	ciruela (f)	[θiru'elʲa]

morango (m)	fresa (f)	['fresa]
ginja (f)	guinda (f)	['ginda]
cereja (f)	cereza (f)	[θe're θa]
uva (f)	uva (f)	['uβa]

framboesa (f)	frambuesa (f)	[frambu'esa]
groselha (f) negra	grosella (f) negra	[gro'seja 'neɣra]
groselha (f) vermelha	grosella (f) roja	[gro'seja 'roχa]
groselha (f) espinhosa	grosella (f) espinosa	[gro'seja espi'nosa]
oxicoco (m)	arándano (m) agrio	[a'randano 'aɣrio]

laranja (f)	naranja (f)	[na'ranχa]
tangerina (f)	mandarina (f)	[manda'rina]
abacaxi (m)	piña (f)	['pinja]
banana (f)	banana (f)	[ba'nana]
tâmara (f)	dátil (m)	['datilʲ]

limão (m)	limón (m)	[li'mon]
damasco (m)	albaricoque (m)	[alʲβari'koke]
pêssego (m)	melocotón (m)	[melʲoko'ton]
quiuí (m)	kiwi (m)	['kiwi]
toranja (f)	toronja (f)	[to'ronχa]

baga (f)	baya (f)	['baja]
bagas (f pl)	bayas (f pl)	['bajas]
arando (m) vermelho	arándano (m) rojo	[a'randano 'roχo]
morango-silvestre (m)	fresa (f) silvestre	['fresa silʲ'βestre]
mirtilo (m)	arándano (m)	[a'randano]

190. Flores. Plantas

flor (f)	flor (f)	[flʲor]
buquê (m) de flores	ramo (m) de flores	['ramo de 'flʲores]

rosa (f)	rosa (f)	['rosa]
tulipa (f)	tulipán (m)	[tuli'pan]
cravo (m)	clavel (m)	[klʲa'βelʲ]
gladíolo (m)	gladiolo (m)	[glʲa'ðjolʲo]

centáurea (f)	aciano (m)	[a'θjano]
campainha (f)	campanilla (f)	[kampa'nija]
dente-de-leão (m)	diente (m) de león	['djente de le'on]
camomila (f)	manzanilla (f)	[manθa'nija]

aloé (m)	áloe (m)	['alʲoe]
cacto (m)	cacto (m)	['kakto]
fícus (m)	ficus (m)	['fikus]

lírio (m)	azucena (f)	[aθu'sena]
gerânio (m)	geranio (m)	[χe'ranio]
jacinto (m)	jacinto (m)	[χa'θinto]

mimosa (f)	mimosa (f)	[mi'mosa]
narciso (m)	narciso (m)	[nar'θiso]
capuchinha (f)	capuchina (f)	[kapu'ʧina]

orquídea (f)	orquídea (f)	[or'kiðea]
peônia (f)	peonía (f)	[peo'nia]
violeta (f)	violeta (f)	[bio'leta]

amor-perfeito (m)	trinitaria (f)	[trini'taria]
não-me-esqueças (m)	nomeolvides (f)	[nomeolʲ'βiðes]
margarida (f)	margarita (f)	[marga'rita]
papoula (f)	amapola (f)	[ama'polʲa]
cânhamo (m)	cáñamo (m)	['kanjamo]

hortelã, menta (f)	menta (f)	['menta]
lírio-do-vale (m)	muguete (m)	[mu'gete]
campânula-branca (f)	campanilla (f) de las nieves	[kampa'nija de lʲas 'njeβes]

urtiga (f)	ortiga (f)	[or'tiga]
azedinha (f)	acedera (f)	[aθe'ðera]
nenúfar (m)	nenúfar (m)	[ne'nufar]
samambaia (f)	helecho (m)	[e'letʃo]
líquen (m)	liquen (m)	['liken]

estufa (f)	invernadero (m)	[imberna'ðero]
gramado (m)	césped (m)	['θespeð]
canteiro (m) de flores	macizo (m) de flores	[ma'θiθo de 'flʲores]

planta (f)	planta (f)	['plʲanta]
grama (f)	hierba (f)	['jerβa]
folha (f) de grama	hoja (f) de hierba	['oχa de 'jerβa]

folha (f)	hoja (f)	['oχa]
pétala (f)	pétalo (m)	['petalʲo]
talo (m)	tallo (m)	['tajo]
tubérculo (m)	tubérculo (m)	[tu'βerkulʲo]

broto, rebento (m)	retoño (m)	[re'tonjo]
espinho (m)	espina (f)	[es'pina]

florescer (vi)	florecer (vi)	[flʲore'θer]
murchar (vi)	marchitarse (vr)	[martʃi'tarse]
cheiro (m)	olor (m)	[o'lʲor]
cortar (flores)	cortar (vt)	[kor'tar]
colher (uma flor)	coger (vt)	[ko'χer]

191. Cereais, grãos

grão (m)	grano (m)	['grano]
cereais (plantas)	cereales (m pl)	[θere'ales]
espiga (f)	espiga (f)	[es'piga]

trigo (m)	trigo (m)	['trigo]
centeio (m)	centeno (m)	[θen'teno]
aveia (f)	avena (f)	[a'βena]

painço (m)	mijo (m)	['miχo]
cevada (f)	cebada (f)	[θe'βaða]

milho (m)	maíz (m)	[ma'iθ]
arroz (m)	arroz (m)	[a'roθ]
trigo-sarraceno (m)	alforfón (m)	[alʲfor'fon]

ervilha (f)	guisante (m)	[gi'sante]
feijão (m) roxo	fréjol (m)	['freχolʲ]
soja (f)	soya (f)	['soja]
lentilha (f)	lenteja (f)	[len'teχa]
feijão (m)	habas (f pl)	['aβas]

GEOGRAFIA REGIONAL

política (f)	política (f)	[po'litika]
político (adj)	político (adj)	[po'litiko]
político (m)	político (m)	[po'litiko]
estado (m)	estado (m)	[es'taðo]
cidadão (m)	ciudadano (m)	[θjuða'ðano]
cidadania (f)	ciudadanía (f)	[θjuðaða'nia]
brasão (m) de armas	escudo (m) nacional	[es'kuðo naθjo'naljʲ]
hino (m) nacional	himno (m) nacional	['imno naθjo'naljʲ]
governo (m)	gobierno (m)	[go'βjerno]
Chefe (m) de Estado	jefe (m) de estado	['χefe de es'taðo]
parlamento (m)	parlamento (m)	[parljʲa'mento]
partido (m)	partido (m)	[par'tiðo]
capitalismo (m)	capitalismo (m)	[kapita'lismo]
capitalista (adj)	capitalista (adj)	[kapita'lista]
socialismo (m)	socialismo (m)	[soθja'lismo]
socialista (adj)	socialista (adj)	[soθja'lista]
comunismo (m)	comunismo (m)	[komu'nismo]
comunista (adj)	comunista (adj)	[komu'nista]
comunista (m)	comunista (m)	[komu'nista]
democracia (f)	democracia (f)	[demo'kraθia]
democrata (m)	demócrata (m)	[de'mokrata]
democrático (adj)	democrático (adj)	[demo'kratiko]
Partido (m) Democrático	Partido (m) Democrático	[par'tiðo demo'kratiko]
liberal (m)	liberal (m)	[liβe'raljʲ]
liberal (adj)	liberal (adj)	[liβe'raljʲ]
conservador (m)	conservador (m)	[konserβa'ðor]
conservador (adj)	conservador (adj)	[konserβa'ðor]
república (f)	república (f)	[re'puβlika]
republicano (m)	republicano (m)	[repuβli'kano]
Partido (m) Republicano	Partido (m) Republicano	[par'tiðo repuβli'kano]
eleições (f pl)	elecciones (f pl)	[elek'θjones]
eleger (vt)	elegir (vi)	[ele'χir]
eleitor (m)	elector (m)	[elek'tor]
campanha (f) eleitoral	campaña (f) electoral	[kam'panja elekto'raljʲ]
votação (f)	votación (f)	[bota'θjon]

votar (vi)	votar (vi)	[bo'tar]
sufrágio (m)	derecho (m) a voto	[de'reʧo a 'boto]
candidato (m)	candidato (m)	[kandi'ðato]
candidatar-se (vi)	presentarse como candidato	[presen'tarse 'komo kandi'ðato]
campanha (f)	campaña (f)	[kam'panja]
da oposição	de oposición (adj)	[de oposi'θjon]
oposição (f)	oposición (f)	[oposi'θjon]
visita (f)	visita (f)	[bi'sita]
visita (f) oficial	visita (f) oficial	[bi'sita ofi'θjalʲ]
internacional (adj)	internacional (adj)	[internaθjo'nalʲ]
negociações (f pl)	negociaciones (f pl)	[negoθja'θjones]
negociar (vi)	negociar (vi)	[nego'θjar]

193. Política. Governo. Parte 2

sociedade (f)	sociedad (f)	[soθje'ðað]
constituição (f)	constitución (f)	[konstitu'θjon]
poder (ir para o ~)	poder (m)	[po'ðer]
corrupção (f)	corrupción (f)	[korup'θjon]
lei (f)	ley (f)	[lej]
legal (adj)	legal (adj)	[le'galʲ]
justeza (f)	justicia (f)	[χus'tiθia]
justo (adj)	justo (adj)	['χusto]
comitê (m)	comité (m)	[komi'te]
projeto-lei (m)	proyecto (m) de ley	[pro'jekto de 'lej]
orçamento (m)	presupuesto (m)	[presupu'esto]
política (f)	política (f)	[po'litika]
reforma (f)	reforma (f)	[re'forma]
radical (adj)	radical (adj)	[raði'kalʲ]
força (f)	potencia (f)	[po'tensia]
poderoso (adj)	poderoso (adj)	[poðe'roso]
partidário (m)	partidario (m)	[parti'ðario]
influência (f)	influencia (f)	[imflʲu'enθia]
regime (m)	régimen (m)	['reχimen]
conflito (m)	conflicto (m)	[komˈflikto]
conspiração (f)	complot (m)	[kom'plʲot]
provocação (f)	provocación (f)	[proβoka'θjon]
derrubar (vt)	derrocar (vt)	[dero'kar]
derrube (m), queda (f)	derrocamiento (m)	[deroka'mjento]
revolução (f)	revolución (f)	[reβolʲu'θjon]
golpe (m) de Estado	golpe (m) de estado	['golʲpe de es'taðo]
golpe (m) militar	golpe (m) militar	['golʲpe mili'tar]

crise (f)	crisis (f)	['krisis]
recessão (f) econômica	recesión (f) económica	[rese'θjon eko'nomika]
manifestante (m)	manifestante (m)	[manifes'tante]
manifestação (f)	manifestación (f)	[manifesta'θjon]
lei (f) marcial	ley (f) marcial	['lej mar'θjalʲ]
base (f) militar	base (f) militar	['base mili'tar]
estabilidade (f)	estabilidad (f)	[estaβili'ðað]
estável (adj)	estable (adj)	[es'taβle]
exploração (f)	explotación (f)	[eksplʲota'θjon]
explorar (vt)	explotar (vt)	[eksplʲo'tar]
racismo (m)	racismo (m)	[ra'θismo]
racista (m)	racista (m)	[ra'θista]
fascismo (m)	fascismo (m)	[fa'θismo]
fascista (m)	fascista (m)	[fa'θista]

194. Países. Diversos

estrangeiro (m)	extranjero (m)	[ekstran'χero]
estrangeiro (adj)	extranjero (adj)	[ekstran'χero]
no estrangeiro	en el extranjero	[en elʲ ekstran'χero]
emigrante (m)	emigrante (m)	[emi'ɣrante]
emigração (f)	emigración (f)	[emiɣra'θjon]
emigrar (vi)	emigrar (vi)	[emi'ɣrar]
Ocidente (m)	Oeste (m)	[o'este]
Oriente (m)	Oriente (m)	[o'rjente]
Extremo Oriente (m)	Extremo Oriente (m)	[eks'tremo o'rjente]
civilização (f)	civilización (f)	[θiβiliθa'θjon]
humanidade (f)	humanidad (f)	[umani'ðað]
mundo (m)	mundo (m)	['mundo]
paz (f)	paz (f)	[paθ]
mundial (adj)	mundial (adj)	[mun'djalʲ]
pátria (f)	patria (f)	['patria]
povo (população)	pueblo (m)	[pu'eβlʲo]
população (f)	población (f)	[poβlʲa'θjon]
gente (f)	gente (f)	['χente]
nação (f)	nación (f)	[na'θjon]
geração (f)	generación (f)	[χenera'θjon]
território (m)	territorio (m)	[teri'torio]
região (f)	región (f)	[re'χjon]
estado (m)	estado (m)	[es'taðo]
tradição (f)	tradición (f)	[traði'θjon]
costume (m)	costumbre (f)	[kos'tumbre]
ecologia (f)	ecología (f)	[ekolʲo'χia]
índio (m)	indio (m)	['indio]
cigano (m)	gitano (m)	[χi'tano]

| cigana (f) | gitana (f) | [xi'tana] |
| cigano (adj) | gitano (adj) | [xi'tano] |

império (m)	imperio (m)	[im'perio]
colônia (f)	colonia (f)	[ko'lⁱonia]
escravidão (f)	esclavitud (f)	[esklʲaβi'tuð]
invasão (f)	invasión (f)	[imba'sjon]
fome (f)	hambruna (f)	[am'bruna]

195. Grupos religiosos mais importantes. Confissões

| religião (f) | religión (f) | [reli'xjon] |
| religioso (adj) | religioso (adj) | [reli'xjoso] |

crença (f)	creencia (f)	[kre'enθia]
crer (vt)	creer (vi)	[kre'er]
crente (m)	creyente (m)	[kre'jente]

| ateísmo (m) | ateísmo (m) | [ate'ismo] |
| ateu (m) | ateo (m) | [a'teo] |

cristianismo (m)	cristianismo (m)	[kristja'nismo]
cristão (m)	cristiano (m)	[kris'tjano]
cristão (adj)	cristiano (adj)	[kris'tjano]

catolicismo (m)	catolicismo (m)	[katoli'θismo]
católico (m)	católico (m)	[ka'toliko]
católico (adj)	católico (adj)	[ka'toliko]

protestantismo (m)	protestantismo (m)	[protestan'tismo]
Igreja (f) Protestante	Iglesia (f) protestante	[i'ɣlesia protes'tante]
protestante (m)	protestante (m)	[protes'tante]

ortodoxia (f)	ortodoxia (f)	[orto'ðoksia]
Igreja (f) Ortodoxa	Iglesia (f) ortodoxa	[i'ɣlesia orto'ðoksa]
ortodoxo (m)	ortodoxo (m)	[orto'ðokso]

presbiterianismo (m)	presbiterianismo (m)	[presβiterja'nismo]
Igreja (f) Presbiteriana	Iglesia (f) presbiteriana	[i'ɣlesia presβite'rjana]
presbiteriano (m)	presbiteriano (m)	[presβite'rjano]

| luteranismo (m) | Iglesia (f) luterana | [i'ɣlesia lʲute'rana] |
| luterano (m) | luterano (m) | [lʲute'rano] |

| Igreja (f) Batista | Iglesia (f) bautista | [i'ɣlesia bau'tista] |
| batista (m) | bautista (m) | [bau'tista] |

| Igreja (f) Anglicana | Iglesia (f) anglicana | [i'ɣlesia angli'kana] |
| anglicano (m) | anglicano (m) | [angli'kano] |

mormonismo (m)	mormonismo (m)	[mormo'nismo]
mórmon (m)	mormón (m)	[mor'mon]
Judaísmo (m)	judaísmo (m)	[xuða'ismo]
judeu (m)	judío (m)	[xu'ðio]

budismo (m)	budismo (m)	[bu'ðismo]
budista (m)	budista (m)	[bu'ðista]
hinduísmo (m)	hinduismo (m)	[indu'ismo]
hindu (m)	hinduista (m)	[indu'ista]
Islã (m)	Islam (m)	[is'lʲam]
muçulmano (m)	musulmán (m)	[musulʲ'man]
muçulmano (adj)	musulmán (adj)	[musulʲ'man]
xiismo (m)	chiísmo (m)	[tʃi'ismo]
xiita (m)	chií (m), chiita (m)	[tʃi'i], [tʃi'ita]
sunismo (m)	sunismo (m)	[su'nismo]
sunita (m)	suní (m, f)	[su'ni]

196. Religiões. Padres

padre (m)	sacerdote (m)	[saθer'ðote]
Papa (m)	Papa (m)	['papa]
monge (m)	monje (m)	['monχe]
freira (f)	monja (f)	['monχa]
pastor (m)	pastor (m)	[pas'tor]
abade (m)	abad (m)	[a'βað]
vigário (m)	vicario (m)	[bi'kario]
bispo (m)	obispo (m)	[o'βispo]
cardeal (m)	cardenal (m)	[karðe'nalʲ]
pregador (m)	predicador (m)	[preðika'ðor]
sermão (m)	prédica (f)	['preðika]
paroquianos (pl)	parroquianos (pl)	[paro'kjanos]
crente (m)	creyente (m)	[kre'jente]
ateu (m)	ateo (m)	[a'teo]

197. Fé. Cristianismo. Islão

Adão	Adán	[a'ðan]
Eva	Eva	['eβa]
Deus (m)	Dios (m)	['djos]
Senhor (m)	Señor (m)	[se'njor]
Todo Poderoso (m)	el Todopoderoso	[elʲ toðopoðe'roso]
pecado (m)	pecado (m)	[pe'kaðo]
pecar (vi)	pecar (vi)	[pe'kar]
pecador (m)	pecador (m)	[peka'ðor]
pecadora (f)	pecadora (f)	[peka'ðora]
inferno (m)	infierno (m)	[imˌ'fjerno]
paraíso (m)	paraíso (m)	[para'iso]

Jesus	Jesús (m)	[χe'sus]
Jesus Cristo	Jesucristo (m)	[χesu·'kristo]
Espírito (m) Santo	el Espíritu Santo	[elʲ es'piritu 'santo]
Salvador (m)	el Salvador	[elʲ salʲβa'ðor]
Virgem Maria (f)	la Virgen María	[lʲa 'birχen ma'ria]
Diabo (m)	el Diablo	[elʲ 'djaβlʲo]
diabólico (adj)	diabólico (adj)	[dja'βoliko]
Satanás (m)	Satán (m)	[sa'tan]
satânico (adj)	satánico (adj)	[sa'taniko]
anjo (m)	ángel (m)	['anχelʲ]
anjo (m) da guarda	ángel (m) custodio	['anχelʲ kus'toðio]
angelical	angelical (adj)	[anχeli'kalʲ]
apóstolo (m)	apóstol (m)	[a'postolʲ]
arcanjo (m)	arcángel (m)	[ar'kanχelʲ]
anticristo (m)	anticristo (m)	[anti'kristo]
Igreja (f)	Iglesia (f)	[i'ɣlesia]
Bíblia (f)	Biblia (f)	['biβlia]
bíblico (adj)	bíblico (adj)	['biβliko]
Velho Testamento (m)	Antiguo Testamento (m)	[an'tiguo testa'mento]
Novo Testamento (m)	Nuevo Testamento (m)	[nu'eβo testa'mento]
Evangelho (m)	Evangelio (m)	[eβan'χelio]
Sagradas Escrituras (f pl)	Sagrada Escritura (f)	[sa'ɣraða eskri'tura]
Céu (sete céus)	cielo (m)	['θjelʲo]
mandamento (m)	mandamiento (m)	[manda'mjento]
profeta (m)	profeta (m)	[pro'feta]
profecia (f)	profecía (f)	[profe'sia]
Alá (m)	Alá	[a'lʲa]
Maomé (m)	Mahoma	[ma'oma]
Alcorão (m)	Corán, Korán (m)	[ko'ran]
mesquita (f)	mezquita (f)	[meθ'kita]
mulá (m)	mulá (m), mullah (m)	[mu'lʲa]
oração (f)	oración (f)	[ora'θjon]
rezar, orar (vi)	orar, rezar (vi)	[o'rar], [re'θar]
peregrinação (f)	peregrinación (f)	[pereɣrina'θjon]
peregrino (m)	peregrino (m)	[pere'ɣrino]
Meca (f)	La Meca	[lʲa 'meka]
igreja (f)	iglesia (f)	[i'ɣlesia]
templo (m)	templo (m)	['templʲo]
catedral (f)	catedral (f)	[kate'ðralʲ]
gótico (adj)	gótico (adj)	['gotiko]
sinagoga (f)	sinagoga (f)	[sina'goga]
mesquita (f)	mezquita (f)	[meθ'kita]
capela (f)	capilla (f)	[ka'pija]
abadia (f)	abadía (f)	[aβa'ðia]

convento (m)	convento (m)	[kom'bento]
monastério (m)	monasterio (m)	[monas'terio]
sino (m)	campana (f)	[kam'pana]
campanário (m)	campanario (m)	[kampa'nario]
repicar (vi)	sonar (vi)	[so'nar]
cruz (f)	cruz (f)	[kruθ]
cúpula (f)	cúpula (f)	['kupulʲa]
ícone (m)	icono (m)	[i'kono]
alma (f)	alma (f)	['alʲma]
destino (m)	destino (m)	[des'tino]
mal (m)	maldad (f)	[malʲ'daθ]
bem (m)	bien (m)	[bjen]
vampiro (m)	vampiro (m)	[bam'piro]
bruxa (f)	bruja (f)	['bruχa]
demônio (m)	demonio (m)	[de'monio]
espírito (m)	espíritu (m)	[es'piritu]
redenção (f)	redención (f)	[reðen'θjon]
redimir (vt)	redimir (vt)	[reði'mir]
missa (f)	culto (m), misa (f)	['kulʲto], ['misa]
celebrar a missa	decir misa	[de'θir 'misa]
confissão (f)	confesión (f)	[komfe'sjon]
confessar-se (vr)	confesarse (vr)	[komfe'sarse]
santo (m)	santo (m)	['santo]
sagrado (adj)	sagrado (adj)	[sa'ɣraðo]
água (f) benta	agua (f) santa	['agua 'santa]
ritual (m)	rito (m)	['rito]
ritual (adj)	ritual (adj)	[ritu'alʲ]
sacrifício (m)	sacrificio (m)	[sakri'fiθio]
superstição (f)	superstición (f)	[supersti'θjon]
supersticioso (adj)	supersticioso (adj)	[supersti'θjoso]
vida (f) após a morte	vida (f) de ultratumba	['biða de ulʲtra·'tumba]
vida (f) eterna	vida (f) eterna	['biða e'terna]

TEMAS DIVERSOS

198. Várias palavras úteis

ajuda (f)	ayuda (f)	[a'juða]
barreira (f)	barrera (f)	[ba'rera]
base (f)	base (f)	['base]
categoria (f)	categoría (f)	[katego'ria]
causa (f)	causa (f)	['kausa]
coincidência (f)	coincidencia (f)	[koinθi'ðenθia]
coisa (f)	cosa (f)	['kosa]
começo, início (m)	principio (m)	[prin'θipio]
cômodo (ex. poltrona ~a)	confortable (adj)	[komfor'taβle]
comparação (f)	comparación (f)	[kompara'θjon]
compensação (f)	compensación (f)	[kompensa'θjon]
crescimento (m)	crecimiento (m)	[kreθi'mjento]
desenvolvimento (m)	desarrollo (m)	[desa'rojo]
diferença (f)	diferencia (f)	[dife'renθia]
efeito (m)	efecto (m)	[e'fekto]
elemento (m)	elemento (m)	[ele'mento]
equilíbrio (m)	balance (m)	[ba'lʲanθe]
erro (m)	error (m)	[e'ror]
esforço (m)	esfuerzo (m)	[esfu'erθo]
estilo (m)	estilo (m)	[es'tilʲo]
exemplo (m)	ejemplo (m)	[e'xemplʲo]
fato (m)	hecho (m)	['etʃo]
fim (m)	fin (m)	[fin]
forma (f)	forma (f)	['forma]
frequente (adj)	frecuente (adj)	[freku'ente]
fundo (ex. ~ verde)	fondo (m)	['fondo]
gênero (tipo)	tipo (m)	['tipo]
grau (m)	grado (m)	['graðo]
ideal (m)	ideal (m)	[iðe'alʲ]
labirinto (m)	laberinto (m)	[lʲaβe'rinto]
modo (m)	modo (m)	['moðo]
momento (m)	momento (m)	[mo'mento]
objeto (m)	objeto (m)	[oβ'xeto]
obstáculo (m)	obstáculo (m)	[oβs'takulʲo]
original (m)	original (m)	[orixi'nalʲ]
padrão (adj)	estándar (adj)	[es'tandar]
padrão (m)	estándar (m)	[es'tandar]
paragem (pausa)	alto (m)	['alʲto]
parte (f)	parte (f)	['parte]

partícula (f)	partícula (f)	[par'tikulʲa]
pausa (f)	pausa (f)	['pausa]
posição (f)	posición (f)	[posi'θjon]
princípio (m)	principio (m)	[prin'θipio]
problema (m)	problema (m)	[pro'βlema]
processo (m)	proceso (m)	[pro'θeso]
progresso (m)	progreso (m)	[pro'ɣreso]
propriedade (qualidade)	propiedad (f)	[propje'ðað]
reação (f)	reacción (f)	[reak'θjon]
risco (m)	riesgo (m)	['rjesgo]
ritmo (m)	tempo (m)	['tempo]
segredo (m)	secreto (m)	[se'kreto]
série (f)	serie (f)	['serie]
sistema (m)	sistema (m)	[sis'tema]
situação (f)	situación (f)	[situa'θjon]
solução (f)	solución (f)	[solʲu'θjon]
tabela (f)	tabla (f)	['taβlʲa]
termo (ex. ~ técnico)	término (m)	['termino]
tipo (m)	tipo (m)	['tipo]
urgente (adj)	urgente (adj)	[ur'xente]
urgentemente	urgentemente	[urxente'mente]
utilidade (f)	utilidad (f)	[utili'ðað]
variante (f)	variante (f)	[ba'rjante]
variedade (f)	variedad (f)	[barje'ðað]
verdade (f)	verdad (f)	[ber'ðað]
vez (f)	turno (m)	['turno]
zona (f)	zona (f)	['θona]

www.ingramcontent.com/pod-product-compliance
Lightning Source LLC
Chambersburg PA
CBHW071340090426
42738CB00012B/2955